अब्बास ताबिश

अब्बास ताबिश का जन्म 15 जून, 1961 को लाहौर, पाकिस्तान में हुआ। वे प्रख्यात शायर हैं। मुशायरों में भी बेहद लोकप्रिय हैं। गवर्नमेंट कॉलेज, लाहौर में अध्यापक हैं। उनकी प्रमुख कृतियाँ हैं—'रक़्स जारी है', 'अगर मैं शे'र न कहता'। उन्हें 'प्राइड ऑफ परफॉर्मेंस अवार्ड', से सम्मानित किया गया है।

सम्पर्क : abbastabish1961@gmail.com

अब्बास ताबिश

चयन और लिप्यंतरण
अनुराधा शर्मा

राधाकृष्ण पेपरबैक्स में
पहला संस्करण : 2019
दूसरा संस्करण : 2024

राधाकृष्ण पेपरबैक्स : उत्कृष्ट साहित्य के जनसुलभ संस्करण

राधाकृष्ण प्रकाशन प्राइवेट लिमिटेड
जी-17, जगतपुरी, दिल्ली-110 051
द्वारा प्रकाशित

शाखाएँ : अशोक राजपथ, साइंस कॉलेज के सामने, पटना-800 006
पहली मंजिल, दरबारी बिल्डिंग, महात्मा गांधी मार्ग, प्रयागराज-211 001
1, अनमोल सोराबजी संतुक लेन, धोबी तलाव, मरीन लाइंस, मुम्बई-400 002

वेबसाइट : www.radhakrishnaprakashan.com
ई-मेल : info@radhakrishnaprakashan.com

बी.के. ऑफसेट
नवीन शाहदरा, दिल्ली-110 032
द्वारा मुद्रित

मूल्य : ₹ 199

RAKS JAARI HAI
Ghazals by Abbas Tabish
Translaterate by Anuradha Sharma

ISBN : 978-81-8361-923-3

जश्न-ए-उर्दू के बानी (संस्थापक)
फ़रहान वास्ती
के नाम

क्रम

बचपन का दौर अहद-ए-जवानी में खो गया 13
दश्त में प्यास बुझाते हुए मर जाते हैं 14
बयाँ अपनी हक़ीक़त कर रहा हूँ 15
इनसान था आख़िर तू मिरा रब तो नहीं था 16
नोच के सारे फूल तलब के आस की शाख़ें तोड़ के 18
इसीलिए तो ये शामें उजड़ने लगती हैं 19
अब ये लाशें किसी महमिल पे न लादी जाएँ 20
दरिया की तरह जारी-ओ-सारी भी नहीं हम 21
सुब्ह दम भी सुब्ह का मंज़र कहाँ है सामने 22
पकड़ा है कोई हाथ न धरती में गड़े हैं 24
यही तो इक ख़ुशफ़हमी मुझे हैरान रखती है 25
ये बादलों में सितारे उभरते जाते हैं 26
ये करिश्मे भी हुए हुस्न की बौछारों से 27
गुज़रे हुए दिनों का ख़याल आ गया तो बस 28
इश्क़ ही कार-ए-मुसलसल हो गया 29
हमें पछाड़ के क्या हैसियत तुम्हारी थी 31
हमें तो ख़ाक पे हुक्म-ए-सफ़र दिया उसने 32
ये जो उससे मुझे मोहब्बत है 33
साहिलों पर मिस्ल-ए-गौहर फेंक दे 35
तोहमत उतार फेंकी लबादा बदल लिया 36
मिट्टी में कोई रंग मिलाया नहीं करते 37
कौन कहता है मोहब्बत मर गई 38
आँख पे पट्टी बाँध के मुझ को तन्हा छोड़ दिया है 39
अब मोहब्बत न फ़साना न फ़ुसूँ है यूँ है 40

अब परिंदों की यहाँ नक़्ल-ए-मकानी कम है 41
अजब सौदा-ए-वहशत है दिल-ए-ख़ुद-सर में रहता है 42
बहुत बेकार मौसम है मगर कुछ काम करना है 43
बैठता उठता था मैं यारों के बीच 45
चाँद का पत्थर बाँध के तन से उतरी मंजर-ए-ख़्वाब में चुप 46
चाँद को तालाब मुझ को ख़्वाब वापस कर दिया 47
दहन खोलेंगी अपनी सीपियाँ आहिस्ता आहिस्ता 48
दम-ए-सुख़न ही तबीअत लहू लहू की जाए 50
अजीब तौर की है अब के सरगिरानी मिरी 51
दश्त-ए-हैरत में सबील-ए-तिश्नगी बन जाइए 52
दी है वहशत तो ये वहशत ही मुसलसल हो जाए 53
दिल दुखों के हिसार में आया 54
फ़क़त माल-ओ-ज़र-ए-दीवार-ओ-दर अच्छा नहीं लगता 55
हँसने नहीं देता कभी रोने नहीं देता 57
हम ने चुप रह के जो एक साथ बिताया हुआ है 58
इश्क़ की जोत जगाने में बड़ी देर लगी 59
इतना आसाँ नहीं मसनद पे बिठाया गया मैं 60
झिलमिल से क्या रब्त निकालें कश्ती की तक़दीरों का 61
कस कर बाँधी गई रगों में दिल की गिरह तो ढीली है 62
कोई मिलता नहीं ये बोझ उठाने के लिए 63
मह-रुख़ जो घरों से कभी बाहर निकल आए 64
मकाँ-भर हम को वीरानी बहुत है 65
मेरे आसाब मोअत्तल नहीं होने देंगे 66
मेरी तन्हाई बढ़ाते हैं चले जाते हैं 67
मिरे बदन में लहू का कटाव ऐसा था 68
न तुझ से है न गिला आसमान से होगा 70
नक़्श सारे ख़ाक के हैं सब हुनर मिट्टी का है 71
पाँव पड़ता हुआ रस्ता नहीं देखा जाता 72
पानी आँख में भर कर लाया जा सकता है 73
परिंदे पूछते हैं तुम ने क्या क़ुसूर किया 74
रम्ज़-गर भी गया रम्ज़-दाँ भी गया 75
साँस के शोर को झंकार न समझा जाए 77

शाख़ पर फूल फ़लक पर कोई तारा भी नहीं 78
शायद किसी बला का था साया दरख़्त पर 79
शजर समझ के मिरा एहतिराम करते हैं 80
शे'र लिखने का फ़ायदा क्या है 82
मैं यहाँ से पलटना चाहता हूँ 83
सुब्ह की पहली किरन पहली नज़र से पहले 85
तेरे लिए सब छोड़ के तेरा न रहा मैं 87
तिलिस्म-ए-ख़्वाब से मेरा बदन पत्थर नहीं होता 88
टूट जाने में खिलौनों की तरह होता है 90
उस का ख़याल ख़्वाब के दर से निकल गया 91
वो आने वाला नहीं फिर भी आना चाहता है 92
वो चाँद हो कि चाँद-सा चेहरा कोई तो हो 93
वो कौन है जो पस-ए-चश्म-ए-तर नहीं आता 94
याद कर-कर के उसे वक़्त गुज़ारा जाए 95
ये हम जो हिज्र में उस का ख़याल बाँधते हैं 96
ये हम को कौन-सी दुनिया की धुन आवारा रखती है 97
ये किस के ख़ौफ़ का गलियों में ज़हर फैल गया 98
ये वाहिमे भी अजब बाम-ओ-दर बनाते हैं 99
यूँ तो शीराज़ा-ए-ज़ाँ कर के बहम उठते हैं 100
अब वो सूरत है न वो अक्स-गरी है मुझ में 101
ग़र्क़ शहरों की कहानी और है 103
समझ में कोई मिसाल आए तो आने देना 104
सुकूत-ए-नीम-शबी सुन के डर गए हम भी 105
खा के सूखी रोटियाँ पानी के साथ 106
कोई ख़्वाब-ए-ख़बर आसार देखें 107
ये जो बे-वक़्त सुब्ह-याबी है 108
कैसा रंग-ओ-रौशनी का क़हर है 110
अल्फ़ाज़ बादशाह के, लहजा फ़क़ीर का 111
लफ़्ज़ में शक्ल-सी उभर आई 112
दिन निकलता तो कहीं शोर मचाने जाता 113
जमाल-ए-यार का क्या ख़ुश भी है उदास भी है 114
तू हमारे नाम से वैसे भी जाना जाए है 116

हमारे दुख न किसी तौर जब ठिकाने लगे 118
तेरा हो कर कब कोई तेरे सिवा होता है 119
जब रिहाई की यही तदबीर बाक़ी रह गई 121
लौट जाएगा या तिरा पीछा करें 122
मर मर के जिए जाने को मुश्किल नहीं समझा 124
याद भी आई समुन्दर की हवा भी आई 125
छूने में लुत्फ़ है न उसे देखने में है 126
मिट्टी की मोहब्बत में गिरफ़्तार परिन्दे 127
दम में जी उठना मिरा दम में फ़ना हो जाना 128
ये किनारा है बहुत मेरे सफ़ीने के लिए 129
यार से कोई तअल्लुक़ न ग़म-ए-यार के साथ 130
ग़लत कहा कि दहन का रफ़ू ज़रूरी है 131
इश्क़ज़ादों के लहू का ये असर लगता है 132
महकने की तमन्ना में हवा होने से डरते हैं 133
इसी सबब से यहाँ एहतिराम मेरा है 134
तसल्ली दे के मिरा सब्र आज़माना मत 135

रक़्स
जारी है

1

बचपन का दौर अहद-ए-जवानी[1] में खो गया।
ये अम्र-ए-वाक़िया भी कहानी में खो गया।

लहरों में कोई नक़्शा कहाँ पाएदार[2] है,
सूरज के बाद चाँद भी पानी में खो गया।

आँखों तक आ सकी न कभी आँसुओं की लहर,
ये क़ाफ़िला भी नक़्ल-ए-मकानी[3] में खो गया।

अब बस्तियाँ हैं किस के तआक़ुब[4] में रात-दिन,
दरिया तो आप अपनी रवानी में खो गया।

'ताबिश' का क्या कहें कि वो ज़ोहरा[5]-गुदाज़[6] शख़्स,
आतिश-फ़िशाँ[7] का फूल था पानी में खो गया।

---

1. जवानी का ज़माना, 2. मज़बूत, 3. मकान बदलना, हिजरत, 4. भाग-दौड़, एक-दूसरे का पीछा करना, 5. पित्ता, एक सय्यारा, रौशन, चमकीला, 6. मुलायम, नर्म, 7. आग बरसाने वाला (पहाड़)

2

दश्त[1] में प्यास बुझाते हुए मर जाते हैं।
हम परिंदे कहीं जाते हुए मर जाते हैं।

हम हैं सूखे हुए तालाब पे बैठे हुए हंस,
जो तअल्लुक़ को निभाते हुए मर जाते हैं।

घर पहुँचता है कोई और हमारे जैसा,
हम तिरे शहर से जाते हुए मर जाते हैं।

किस तरह लोग चले जाते हैं उठ कर चुपचाप,
हम तो ये ध्यान में लाते हुए मर जाते हैं।

उन के भी क़त्ल का इल्ज़ाम हमारे सर है,
जो हमें ज़हर पिलाते हुए मर जाते हैं।

ये मोहब्बत की कहानी नहीं मरती लेकिन,
लोग किरदार निभाते हुए मर जाते हैं।

हम हैं वो टूटी हुई कश्तियों वाले 'ताबिश',
जो किनारों को मिलाते हुए मर जाते हैं।

---

1. जंगल, बयाबान

3

बयाँ अपनी हक़ीक़त कर रहा हूँ।
वो कहते हैं शिकायत कर रहा हूँ।

कभी उन से कही थी बात कोई,
मगर अब तक वज़ाहत[1] कर रहा हूँ।

बिला मक़सद नहीं ये देखना भी,
किसी को ख़ूबसूरत कर रहा हूँ।

---

1. ज़ाहिर करना, खोल-खोल कर बयान करना

4

इनसान था आख़िर तू मिरा रब तो नहीं था।
ये औज-ए-तग़ाफ़ुल[1] तिरा मनसब[2] तो नहीं था।

पहले भी हम इक बार जुदा तुझ से हुए थे,
लेकिन ये चराग़ाँ का समाँ जब तो नहीं था।

बैठे थे यूँ ही हम तिरी दीवार से लग कर,
ऐ जाँ हमें तुझ से कोई मतलब तो नहीं था।

ये सह्व[3] मिरे दिल से ही सरज़द[4] हुआ वर्ना,
उस शख़्स की पूजा मिरा मज़हब तो नहीं था।

पहले भी मैं उस आँख से टपका था कई बार,
यकसाँ मुझे मिट्टी किया जब तो नहीं था।

किस बात ने मबहूत[5] रक्खी वस्ल की साअत,
उस आँख से ज़ाहिर कोई करतब तो नहीं था।

---

1. जान-बूझकर ग़फ़लत करने की बुलन्दी, जान-बूझकर अनजान बनने की बुलन्दी, 2. ओहदा, 3. भूल, 4. सर उठाना, होना, 5. हैरान

कल शब भी यही चाँद था अफ़लाक[1] पे रौशन,
इस तरह का अरमाँ हमें कल शब तो नहीं था।

क्यों उसके इशारे पे उतर आया तह-ए-आब[2],
'ताबिश' तिरा चेहरा मह्[3]-ए-नख़शब[4] तो नहीं था।

1. आसमान, 2. पानी के नीचे, 3. चाँद, 4. एक शहर, इब्न-ए-मुक़फ़्फ़ा ने यहीं कुएँ से एक चाँद निकाला था जिसकी रोशनी चार मील तक जाती थी।

5

नोच के सारे फूल तलब के आस की शाख़ें तोड़ के।
आज तो अपने आप से भी मैं बैठा रह मुँह मोड़ के।

आँखों में ये ख़्वाब उतरा या बेतरतीब सवाल ने,
पानी पर तसवीर बनाई अक्स के टुकड़े जोड़ के।

कमसिन रात की सूरत रौशन रौशन रोज़ बहार का,
तेरे साथ चला जाता है सुब्ह का रस्ता छोड़ के।

क्या क्या ख़ुश्क[1] ज़मीनें रस्ता देखती हैं मंझधार का,
क्या क्या दरिया रह जाते हैं साहिल से सर फोड़ के।

पहले हड्डी के गूदे से ख़त लिखते हैं यार को,
फिर ज़ंबील[2] में रख लेते हैं काग़ज़ तोड़ मरोड़ के।

ढूँढ़ने निकला था 'ताबिश' वो कोहसारों में रास्ता,
पानी का दम टूट गया फ़रहाद[3] का तेशा[4] तोड़ के।

---

1. सूखी, 2. झोली, थैली, फ़क़ीरों का बर्तन, 3. ईरान की शाहज़ादी का आशिक़, 4. लोहारों का एक औज़ार, कुदाल

6

इसीलिए तो ये शामें उजड़ने लगती हैं।
कि लौ बढ़ा के हवाएँ सिकुड़ने लगती हैं।

मैं कैसे अपने तवाज़ुन[1] को बरक़रार रक्खूँ,
क़दम जमाऊँ तो साँसें उखड़ने लगती हैं।

यूँ ही नहीं मुझे दरिया को देखने से गुरेज़[2],
सुना है पानी में शकलें बिगड़ने लगती हैं।

इसीलिए तो हवा अपने घर नहीं जाती,
कि उसके बाद ये गलियाँ उजड़ने लगती हैं।

रहें ख़मोश तो होंठों से ख़ूँ टपकता है,
करें कलाम[3] तो खालें उधड़ने लगती हैं।

उड़ा न दूँ तो गिरफ़्तार-ए-आईना हो कर,
ख़ुद अपने आप से चिड़ियाँ झगड़ने लगती हैं।

अगर मैं साँस भी आहिस्ता से न लूँ 'ताबिश',
मिरे बदन में दरारें-सी पड़ने लगती हैं।

---

1. एक वज़न पर होना, 2. परहेज़, 3. बात करना

7

अब ये लाशें किसी महमिल पे न लादी जाएँ।
मिरी सोचें मिरे अन्दर ही दबा दी जाएँ।

शब की शब कोई न शर्मिन्दा-ए-रुख़सत ठहरे,
जाने वालों के लिए शमअें बुझा दी जाएँ।

कभी तसवीर की सूरत भी निकल आएगी,
सादा काग़ज़ पे लकीरें तो लगा दी जाएँ।

आज पलकों चराग़ाँ तो किए फिरता हूँ,
क्या ख़बर कल ये मुँडेरें भी बुझा दी जाएँ।

यूँ ही शायद मिरे अहवाल पे रो दे वो भी,
मिरी आँखें मिरे दुश्मन को लगा दी जाएँ।

पुतलियाँ हैं कि है कन्दा[1] कोई तारीख़-ए-वफ़ात[2],
मिरी आँखें कहीं कतबा[3] न बना दी जाएँ।

फ़ुरसत-ए-शौक़ अगर मिल ही गई है 'ताबिश',
जितनी रस्में हैं मोहब्बत की निभा दी जाएँ।

---

1. कन्दा, 2. वह इबारत जो क़ब्रों, मस्जिदों पर लिखी होती है, 3. शिलालेख

8

दरिया की तरह जारी-ओ-सारी[1] भी नहीं हम।
पत्थर हैं मगर राह पे भारी भी नहीं हम।

तौहीन करें कासा-ए-पिन्दार-ए-सुख़न[2] की,
ऐ दर-बदरो ऐसे भिखारी भी नहीं हम।

इक ख़ू-ए-मलामत[3] ही लिए फिरती है वर्ना,
यूँ अपने लिए बाइस-ए-ख़्वारी[4] भी नहीं हम।

हम ओस की मानिन्द गुलाबों में रचें क्या,
अश्कों की तरह आँख से जारी भी नहीं हम।

माना कि परसतिश सही फ़ितरत का तक़ाज़ा,
हर सूरत-ए-ज़ेबा[5] के पुजारी भी नहीं हम।

इस दर्जा रग-ओ-पे में उतर आती है तुरशी[6],
नशे की तरह आप पे तारी भी नहीं हम।

'ताबिश' कोई नॉवेल कोई क़िस्सा ही समझ ले,
क्या मशग़ला-ए-वक़्तगुज़ारी[7] भी नहीं हम।

---

1. बहता हुआ, 2. समझ की बात का प्याला, 3. मलामत की आदत, 4. रुसवाई का सबब, 5. खूबसूरत चेहरा, 6. खट्टापन, 7. वक़्त गुज़ारने का काम

9

सुब्ह दम भी सुब्ह का मंज़र कहाँ है सामने।
बस्तियों की कोख से उठता धुवाँ है सामने।

कौन-सी मंज़िल पे आ कर रुक गए अपने क़दम,
कारवाँ पीछे है गर्द-ए-कारवाँ है सामने।

बादबानों की तरह खुलने लगे हैं पैरहन[1],
आईना-ख़ाना[2] है या आब-ए-रवाँ[3] है सामने।

वैसे तो इस बुत के घर का फ़ासला[4] इतना नहीं,
दो क़दम चलिए तो मर्ग-ए-नागहाँ[5] है सामने।

अपने लहजे[6] में तो लगता है वो आहंग-ए-क़दम[7],
देखिए मुड़कर तो उम्र-ए-राएगाँ[8] है सामने।

कैसे पहुँचें मंज़रों की आयतें तरतील[9] तक,
तिरी आँखों की कोई हदीस-ए-दीगराँ[10] है सामने।

पीछे हटिए तो शबे-रफ़्ता का अंधा ग़ार है,
आगे बढ़िए तो ग़ुरूब-ए-जिस्म-ओ-जाँ[11] है सामने।

---

1. कपड़ा, पोशाक, 2. वह मकान जिसमें चारों तरफ आइने लगे हों, 3. बहता पानी, 4. दूरी, 5. अचानक मौत, 6. बात करने का तरीक़ा, सुर, 7. पैर की आवाज़, 8. बर्बाद उम्र, 9. कुरआन को अच्छे से पढ़ना, 10. दूसरों की बात, 11. जिस्म और जाना का डूबना

इस तरह शायद वो अक्स-ए-तह-नशीं को चूम ले,
शाख़-ए-सजदा[1] रेज़ को जू-ए-रवाँ[2] है सामने।

पहले तो हम छान आए ख़ाक[3] सारे शहर की,
तब कहीं जा कर खुला उसका मकाँ है सामने।

देखिए कब तीशाज़न[4] होते हैं अपने आप पर,
'ताबिश' अपनी ज़ात का कोह-ए-गिराँ[5] है सामने।

---

1. सजदा करनेवाली डाली, 2. बहती नदी, 3. मिट्टी, 4. कुदाल चलानेवाला, 5. बड़ा पहाड़

10

पकड़ा है कोई हाथ न धरती में गड़े हैं।
ये तेरी इनायत है कि पैरों पे खड़े हैं।

यूँ थूक न मुझ पर मिरे हारे हुए दुश्मन,
ये मेरी कमाँ है ये मिरे तीर पड़े हैं।

अन्देशा-ए-दरिया[1] में घुले जाते हैं पल-पल,
ये ख़ाक-निहादे[2] हैं कि मिट्टी के घड़े हैं।

पहले तो कभी होंठ का सकता[3] नहीं टूटा,
अब तूने बुलाया है तो हम बोल पड़े हैं।

पस्ती में गिरा मैं तो ख़याल आया ये मुझ को,
शाख़ों से फूल नहीं बुलंदी से झड़े हैं।

तू है कि अभी घर से भी बाहर नहीं निकला,
हम हैं कि शजर[4] बन के तिरी रह में खड़े हैं।

---

1. सोच का दरिया, 2. मिट्टी का बना, 3. ख़ामोशी, 4. पेड़

11

यही तो इक ख़ुशफ़हमी मुझे हैरान रखती है।
कि इक चश्म-ए-सेहर आसा[1] मिरी पहचान रखती है।

कभी दिल की तरफ़ भी बरशगाल-ए-मौसम-ए-हिज्राँ[2],
कि ये मिट्टी की ढेरी भी बड़े इमकान रखती है।

कहीं बार-ए-ख़जालत[3] से क़दम रुकने नहीं पाते,
मिरी आवारगी मेरा सफ़र आसान रखती है।

वहाँ जिस को भी जाना हो सरनगूँ[4] की तरह जाए,
कि अब वो शहनशीं[5] ख़ुद पर कई दरबान रखती है।

हवा के हाथ में क़िन्दील-ए-वस्ल-ए-यार[6] को देखूँ,
यही इक आरज़ू मुझ को यहाँ मेहमान रखती है।

अजब तर्ज़-ए-रक़ीबाना[7] है ख़ल्क़-ए-शह्र[8] की 'ताबिश',
उसे भी कुछ नहीं कहती मिरा भी मान रखती है।

---

1. जादू जैसी आँख, 2. जुदाई के मौसम की बरसात, 3. शर्म का बोझ, 4. सर झुकाए, 5. बादशाह की तरह बैठने वाला/बादशाह, 6. यार के मिलाप का चराग, 7. माशूक के आशिक़ों जैसा तरीक़ा, 8. शहर के लोग

12

ये बादलों में सितारे उभरते जाते हैं।
कि आस्माँ को परिन्दे कतरते जाते हैं।

तुम्हारे शहर में तोहमत है ज़िन्दा रहना भी,
जिन्हें अज़ीज़ थीं जानें वो मरते जाते हैं।

न जाने कब तुम्हें फ़ुरसत मिलेगी आने की,
तुम्हारे आने के दिन तो गुज़रते जाते हैं।

कहा तो ये था कि छोड़ें अना[1] की मसनद को,
मगर ये लोग तो दिल से उतरते जाते हैं।

कहाँ से आई है 'ताबिश' ये सरफिरी आँधी,
कि जिस क़दर भी दिए थे बिखरते जाते हैं।

1. ख़ुद को बड़ा समझना

13

ये करिश्मे भी हुए हुस्न की बौछारों से।
पेड़ बन कर बदन उगने लगे दीवारों से।

क्यों न बेक़ामती-ए-ख़ाक[1] पे रोना आए,
झुक के मिलता है फ़लक[2] शहर के मीनारों से।

किस की बातों ने गले छेद दिए हैं अपने,
गरदनें हम तो बचा लाए थे तलवारों से।

ये दुकानें तो उन्हें रोकती रह जाती हैं,
जाने क्यों लोग गुज़र जाते हैं बाज़ारों से।

फिर मुझे आने लगा तर्क-ए-सुकूनत[3] का ख़याल,
नदियाँ जैसे उतर आई हों कोहसारों[4] से।

तू ने उनको किसी क़ाबिल ही न समझा वर्ना,
हुर्मत-ए-इश्क़[5] थी सब तेरे गुनहगारों से।

आ पड़ी सहन में क्यों उसकी ज़रूरत 'ताबिश',
वो तो कहता था कि घर बनते हैं दीवारों से।

---

1. मिट्टी के भद्दे जिस्म, 2. आसमान, 3. रहने की जगह को छोड़ना, 4. पहाड़ों की जगह, 5. इश्क़ की आबरू

14

गुज़रे हुए दिनों का ख़याल आ गया तो बस।
ऐ दिल यहाँ भी कोई ग़ज़ाल[1] आ गया तो बस।

तेरे लिए चराग़ धरे हैं मुँडेर पर,
तू भी अगर हवा की मिसाल[2] आ गया तो बस।

हम तेरी धूप सेंक के करते हैं ज़िन्दगी,
ऐ महर-ए-हुस्न[3] तुझ पे ज़वाल[4] आ गया तो बस।

छेड़ो न बर-सबील-ए-तमन्ना[5] किसी का ज़िक्र,
हमको भी अपने दिल का ख़याल आ गया तो बस।

बरबाद हैं यहाँ सभी तकमील[6] के सबब,
मेरे भी हाथ कोई कमाल आ गया तो बस।

---

1. हिरन का बच्चा, माशूक, 2. तरह, 3. हुस्न का सूरज, 4. उतार, कमी, 5. तमन्ना के लिए, तमन्ना के तौर पर, 6. पूरा करना, अंजाम

15

इश्क़ ही कार-ए-मुसलसल[1] हो गया।
ज़िन्दगी का मसअला हल हो गया।

मेरे आँसू मेरे अन्दर ही गिरे,
रोने से जी और बोझल हो गया।

आस्माँ पहले नहीं था बेसुतूँ[2],
लेकिन अब दस्त-ए-दुआ[3] शल[4] हो गया।

मैंने भी उसको भुलाया और फिर,
ख़ुश हुआ इतना कि पागल हो गया।

पानियों पर आख़िरी हिचकी के साथ,
एक अफ़साना मुकम्मल हो गया।

बर्फ़ के पेड़ों पे फूल आने लगे,
राब्ता उससे मुअत्तल[5] हो गया।

---

1. लगातार काम, बेइन्तिहा काम, 2. बिना सितून के/बिना खम्बा, 3. दुआ का हाथ, 4. सुन्न होना/थक जाना, 5. कट जाना, टूट जाना, कुछ दिनों के लिए बेकार होना,

घूमता फिरता है तन्हा रात को,
सर्दियों का चाँद पागल हो गया।

'ताबिश' अब तो सो ही जाना चाहिए,
सामने का घर मुक़फ़्फ़ल[1] हो गया।

1. तालाबंद

16

हमें पछाड़ के क्या हैसियत तुम्हारी थी।
वो जंग तुम भी न जीते जो हमने हारी थी।

और अब तुम्हें भी हर इक शख़्स अच्छा लगता है,
गए दिनों में यही कैफ़ियत हमारी थी।

हमारे चेहरे दम-ए-सुब्ह[1] देखते आ कर,
कि हमने रात नहीं ज़िन्दगी गुज़ारी थी।

बिछड़ गया वो जुदाई के मोड़ से पहले,
कि इसके बाद मोहब्बत में सिर्फ़ ख़्वारी[2] थी।

---

1. सुबह के वक्त, 2. रुसवाई, ज़िल्लत, बदनामी

17

हमें तो ख़ाक पे हुक्म-ए-सफ़र दिया उसने।
वो और होंगे जिन्हें कोई घर दिया उसने।

वही कि जिसने अता की गुलाब को ख़ुशबू,
मुझे भी शौक़-ए-अज़ीयत[1] से भर दिया उसने।

उसे न मिलने से ख़ुशफ़हमियाँ[2] तो रहती हैं,
मैं क्या करूँगा जो इनकार कर दिया उसने।

दुआ-ए-अब्र[3] का मक़सद तो और था कोई,
मिरे चराग़ को पानी से भर दिया उसने।

मैं इक शाख़-ए-मुसलसल[4] था अपने ख़्वाबों की,
समर[5] के बोझ से बेकार कर दिया उसने।

मिरी निगाह को कोई फ़रेब भी देता,
अगर ये सच है कि हुस्न-ए-नज़र[6] दिया उसने।

---

1. तकलीफ़ का शौक़, 2. किसी के बारे में अच्छा ख़याल, 3. बादल की दुआ, 4. सिलसिलेवार डाली, 5. फल, नतीजा, 6. अच्छी नज़र

18

ये जो उससे मुझे मोहब्बत है।
इक ज़रूरत बिला ज़रूरत है।

अपनी तारीफ़ सुन नहीं सकता,
ख़ुद से मुझको बला की वहशत[1] है।

ये मिरा यूँ ही बोलते रहना,
अनकही बात की वज़ाहत[2] है।

मैं भी शायद उसे गुज़ार सकूँ,
ज़िन्दगी अर्सा-ए-नदामत[3] है।

अपनी तलवार तेज़ रखता हूँ,
जाने किससे मुझे अदावत[4] है।

बात अभी की अभी नहीं है याद,
एक लम्हे में कितनी वुसअत[5] है।

दुख हुआ आज देख कर उसको,
वो तो वैसा ही ख़ूबसूरत है।

---

1. डर, 2. बयान करना, 3. शर्म का मैदान, शर्म का ज़माना, 4. दुश्मनी, 5. फैलाव,

हम तो इक दूसरे में रहते हैं,
कैसी दूरी है कैसी क़ुर्बत[1] है।

नीमख़्वाबी[2] का क्या करूँ 'ताबिश',
नींद भी रतजगे की सूरत है।

1. नज़दीकी, 2. आधी नींद

19

साहिलों[1] पर मिस्ल-ए-गौहर[2] फेंक दे।
अब तो मुझको ऐ समुन्दर फेंक दे।

ये जो गर्दिश[3]-सी है मेरे पाँव में,
जाने कब बैरून-ए-मह्वर फेंक दे।

ऐ किसी के शाख़ से नाज़ुक बदन,
कोई ताज़ा फूल हम पर फेंक दे।

देख अपने सामने तू ही न हो,
हाथ से अपने ये पत्थर फेंक दे।

कोई अन्दर की घुटन का भी इलाज,
गालियाँ काग़ज़ पे लिख कर फेंक दे।

शायद उसके शोर पर ही शोर हो,
काँच के बरतन ज़मीं पर फेंक दे।

फूल की गठरी गिरा दी शाख़ ने,
यूँ न हो ये जिस्म भी सर फेंक दे।

---

1. किनारा, 2. मोती की तरह, 3. घुमाव, चक्कर

20

तोहमत उतार फेंकी लबादा[1] बदल लिया।
ख़ुद को ज़रूरतों से ज़ियादा बदल लिया।

जी चाहता था रोऊँ उसे जाँ से मार कर,
आँखें छलक पड़ीं तो इरादा बदल लिया।

जब देखा रहज़नों[2] की तवज्जो[3] नहीं इधर,
शहज़ादगी से ख़िर्क़ा-ए-सादा[4] बदल लिया।

कैसे क़बूल करते मुजस्सम[5] ग़ुबार को,
मंज़िल क़रीब आई तो जादा[6] बदल लिया।

---

1. चोग़ा, जुब्बा, कपड़ा, 2. लुटेरा, 3. ध्यान, 4. सादा ख़िर्क़ा, सादा कपड़ा, 5. मुकम्मल, 6. रास्ता

21

मिट्टी में कोई रंग मिलाया नहीं करते।
ये लोग नई चीज़ बनाया नहीं करते।

क्या देखता जाता हूँ मैं अफ़लाक[1] की जानिब,
पंछी तो कभी धूप में साया नहीं करते।

गिध बैठा है ममटी[2] पे वहाँ से करें आग़ाज़[3],
नीचे से इमारत को गिराया नहीं करते।

इक दरबदरी[4] हमको भी लाहिक़[5] है मगर हम,
कूज़ों[6] की तरह शोर मचाया नहीं करते।

ये लोग भी क़ामत[7] में सनोबर की तरह हैं,
उगते हैं जहाँ से वहाँ साया नहीं करते।

---

1. आसमान, 2. छोटा गुम्बद, 3. शुरुआत, 4. इधर-उधर भटकना, 5. मिला होना, सामने होना, 6. मिट्टी का बर्तन, 7. डील-डौल

22

कौन कहता है मोहब्बत मर गई।
उसकी आँखों में चमक मौजूद है।

मेरी आँखों में ही पानी भर गया,
वो तो अब भी दूर तक मौजूद है।

वो भी शायद रात रोया है बहुत,
सब्ज़[1] आँखों में धनक मौजूद है।

वो किसी का भी नहीं 'ताबिश' मगर,
इस यक़ीं के साथ शक मौजूद है।

---

1. हरा

23

आँख पे पट्टी बाँध के मुझ को तन्हा छोड़ दिया है।
ये किस ने सहरा[1] में ला कर सहरा छोड़ दिया है।

जिस्म की बोरी से बाहर भी कभी निकल आऊँगा,
अभी तो इस पर ख़ुश हूँ उस ने ज़िंदा छोड़ दिया है।

ज़ेहन मिरा आज़ाद है लेकिन दिल का दिल मुट्ठी में,
आधा उस ने क़ैद रखा है आधा छोड़ दिया है।

जहाँ दुआ मिलती थी अल्लाह जोड़ी सलामत रक्खे,
मैं ने तेरे बाद उधर से गुज़रना छोड़ दिया है।

चारों ख़ाने चित मिट्टी पर गिरा पड़ा हूँ 'ताबिश',
जाने किस ने दूसरी जानिब रस्सा छोड़ दिया है।

1. बयाबान, वीराना, जंगल

24

अब मोहब्बत न फ़साना न फ़ुसूँ है यूँ है।
साहब-ए-दश्त तो कहता था कि यूँ है यूँ है।

पस-ए-गिर्या[1] कोई देता है तसल्ली तुझ को,
ये जो ऐ दिल तुझे बेवजह[2] सुकूँ है यूँ है।

शमीर-साहिब ही नहीं उस से परे बैठते हैं,
जो भी शाइस्ता-ए-आदाब-ए-जुनूँ[3] है यूँ है।

ज़िंदगी-भर में कोई शे'र तो ऐसा होता,
मैं भी कहता जो मिरा ज़ख़्म-ए-दरूँ[4] है यूँ है।

नीस्त[5] में हस्त[6] का एहसास दिलाती हुई आँख,
शोर करती है कि है कुन[7]-फयकूँ[8] है यूँ है।

---

1. रोने के बाद, 2. बिना कारण, 3. जुनूँ के अदब के लायक़, 4. अन्दर का ज़ख़्म, 5. नहीं, 6. है, 7. हो जा, 8. तो हो जाता है

25

अब परिंदों की यहाँ नक़्ल-ए-मकानी[1] कम है।
हम हैं जिस झील पे उस झील में पानी कम है।

ये जो मैं भागता हूँ वक़्त से आगे आगे,
मेरी वहशत के मुताबिक़ ये रवानी कम है।

दे मुझे अंजुम-ओ-महताब[2] से आगे की ख़बर,
मुझ से फ़ानी[3] के लिए आलम-ए-फ़ानी[4] कम है।

ग़म की तल्ख़ी मुझे नश्शा नहीं होने देती,
ये ग़लत है कि तिरी चीज़ पुरानी कम है।

ग़ैब के बाग़ का वो भेद खुला है मुझ पर,
जिस का इबलाग़[5] परिंदों की ज़बानी कम है।

हिज्र को हौसला और वस्ल को फ़ुरसत दरकार,
इक मोहब्बत के लिए एक जवानी कम है।

इतना मुश्किल तो न था गुम-शुदगाँ[6] का मिलना,
हम ने ऐ दश्त तिरी ख़ाक[7] ही छानी कम है।

---

1. हिजरत करना, एक जगह से दूसरी जगह जाना, 2. चाँद और सितारे, 3. ख़त्म होने वाला, 4. ख़त्म होने वाली दुनिया, 5. पहुँचाना, 6. गुम होने वाली, 7. मिट्टी

26

अजब सौदा-ए-वहशत[1] है दिल-ए-ख़ुद-सर[2] में रहता है।
ये कैसी छब का मालिक है ये कैसे घर में रहता है।

उसी के दम-क़दम से है जहान-ए-दीद[3]-ओ-नज्जारा,
कहीं आँखों में बस्ता है कहीं मंजर में रहता है।

निहाल-ए-ख़ुश्क[4] में अब तक वो सूखा ज़र्द[5]-सा पत्ता,
बरहना[6] लगता है लेकिन लिबास-ए-ज़र[7] में रहता है।

मिरी आँखों से ले कर तेरे चेहरे तक सितारे हैं,
कि जो गर्दिश में आ जाए उसी मेह्वर[8] में रहता है।

मैं अपने अक्स[9] को रम-ख़ुर्दगी[10] से बाज़ क्या रक्खूँ,
ग़ज़ाल[11]-ए-आईना-ख़ाना[12] किसी के डर में रहता है।

मुझे तो गोर-ए-गिर्या[13] में सुला देते हैं घर वाले,
मगर एहसास-ए-बेदारी मिरे[14] बिस्तर में रहता है।

---

1. डर की दीवानगी, 2. ज़िद्दी दिल, 3. देखी दुनिया, 4. सूखा पौधा, 5. पीला, 6. नंगा, 7. सोने का लिबास, 8. धुरी, 9. साया, परछाईं, 10. भागना, 11. हिरन, 12. वह घर जिसमें चारों तरफ़ आइने लगे हों, 13. रोने वाली क़ब्र, 14. जागे रहने का एहसास

27

बहुत बेकार मौसम है मगर कुछ काम करना है।
कि ताज़ा ज़ख़्म मिलने तक पुराना ज़ख़्म भरना है।

अभी सादा वरक़ पर नाम तेरा लिख के बैठा हूँ,
अभी इस में महक आनी है तितली ने उतरना है।

बढ़े जो हब्स[1] तो शाख़ें हिला देना कि अब हम को,
हवा के साथ जीना है हवा के साथ मरना है।

मबादा[2] उस को दिक़्क़त हो निशाने तक पहुँचने में,
सो मैं ने फूल से दीवार के रख़्ने[3] को भरना है।

यही इक शग़्ल[4] रखना है अज़ीयत[5] के दिनों में भी,
किसी को भूल जाना है किसी को याद करना है।

कोई चेहरा न बन पाया मुक़द्दर की लकीरों से,
सो अब अपनी हथेली में मुझे ख़ुद रंग भरना है।

---

1. हवा का बन्द होना, घुटन, 2. शायद, 3. सूराख़, छेद, 4. काम, 5. तकलीफ़,

कोई रस्ता मिले क्यूँकर मिरे पा-ए-ख़जालत[1] को,
यहाँ तो पाँव धरना भी कोई इल्ज़ाम धरना है।

वो हर लम्हा दुआ देते हैं लम्बी उम्र की 'ताबिश',
मुझे लगता है प्यारों को भी रुख़सत मैं ने करना है।

1. शर्मिन्दगी का पाँव

28

बैठता उठता था मैं यारों के बीच।
हो गया दीवार दीवारों के बीच।

जानता हूँ कैसे होती है सहर[1],
ज़िंदगी काटी है बीमारों के बीच।

मेरे इस कोशिश में बाज़ू कट गए,
चाहता था सुल्ह तलवारों के बीच।

वो जो मेरे घर में होता था कभी,
अब वो सन्नाटा है बाज़ारों के बीच।

तुम ने छोड़ा तो मुझे ये ताएराँ[2],
भर के ले जाएँगे मिंक़ारों[3] के बीच।

तुझ को भी इस का कोई एहसास है,
तेरी ख़ातिर ठन गई यारों के बीच।

---

1. सुब्ह, 2. परिन्दे, 3. चोंच

29

चाँद का पत्थर बाँध के तन से उतरी मंजर–ए–ख़्वाब में चुप।
चिड़ियाँ दूर सिधार गईं और डूब गईं तालाब में चुप।

लफ़्ज़ों के बँटवारे में इस चीख़–भरे गह्वारे में,
बोल तो हम भी सकते हैं पर शामिल है आदाब में चुप।

पहले तो चौपाल में अपना जिस्म चटखता रहता था,
चल निकली जब बात सफ़र की फैल गई अस्बाब में चुप।

अब तो हम यूँ रहते हैं इस हिज्र–भरे वीराने में,
जैसे आँख में आँसू गुम हो जैसे हर्फ़ किताब में चुप।

अपनी आहट को भी अपने साथ नहीं ले जाते वो,
तेरी राह पे चलने वाले रखते हैं अस्बाब में चुप।

30

चाँद को तालाब मुझ को ख़्वाब वापस कर दिया।
दिन-ढले सूरज ने सब अस्बाब वापस कर दिया।

इस तरह बिछड़ा कि अगली रौनक़ें फिर आ गईं,
उस ने मेरा हल्क़ा-ए-अहबाब[1] वापस कर दिया।

फिर भटकता फिर रहा है कोई बुर्ज-ए-दिल[2] के पास,
किस को ऐ चश्म-ए-सितारा-याब[3] वापस कर दिया।

मैं ने आँखों के किनारे भी न तर होने दिए,
जिस तरफ़ से आया था सैलाब वापस कर दिया।

जाने किस दीवार से टकरा के लौट आई है गेंद,
जाने किस दीवार ने महताब वापस कर दिया।

फिर तो उस की याद भी रक्खी न मैं ने अपने पास,
जब किया वापस तो कुल अस्बाब वापस कर दिया।

इल्तिजाएँ कर के माँगी थी मोहब्बत की कसक,
बे-दिली ने यूँ ग़म-ए-नायाब[4] वापस कर दिया।

---

1. दोस्तों की जमात, 2. दिल का गुम्बद, 3. सितारा पा लेने वाली आँख, 4. ना पाया जाने वाला ग़म

31

दहन[1] खोलेंगी अपनी सीपियाँ आहिस्ता आहिस्ता।
गुज़र दरिया से ऐ अब्र-ए-रवाँ[2] आहिस्ता आहिस्ता।

लहू तो इश्क़ के आग़ाज़ ही में जलने लगता है,
मगर होंठों तक आता है धुआँ आहिस्ता आहिस्ता।

पलटना भी अगर चाहें पलट कर जा नहीं सकते,
कहाँ से चल के हम आए कहाँ आहिस्ता आहिस्ता।

कहीं लाली-भरी थाली न गिर जाए समुंदर में,
चला है शाम का सूरज कहाँ आहिस्ता आहिस्ता।

अभी इस धूप की छतरी तले कुछ फूल खिलने दो,
ज़मीं बदलेगी अपना आसमाँ आहिस्ता आहिस्ता।

किसे अब टूट के रोने की फ़ुर्सत कार-ए-दुनिया[3] में,
चली जाती है इक रस्म-ए-फ़ुग़ाँ[4] आहिस्ता आहिस्ता।

---

1. मुँह, 2. चलने वाला बादल, 3. दुनिया का काम, 4. रोने-धोने की रस्म,

मिरे दिल में किसी हसरत के पस-अंदाज़[1] होने तक,
निमट ही जाएगा कार-ए-जहाँ[2] आहिस्ता आहिस्ता।

मकीं[3] जब नींद के साए में सुस्ताने लगें 'ताबिश',
सफ़र करते हैं बस्ती के मकाँ आहिस्ता आहिस्ता।

1. पीछे डालना, 2. दुनिया का काम, 3. मकान में रहने वाली

32

दम-ए-सुख़न[1] ही तबीअत लहू लहू की जाए।
कोई तो हो कि तिरी जिस से गुफ़्तुगू की जाए।

ये नुक़्ता कटते शजर[2] ने मुझे किया तालीम[3],
कि दुख तो मिलते हैं गर ख़्वाहिश-ए-नुमू[4] की जाए।

कशीदा-कार-ए-अजल तुझ को एतिराज़ तो नहीं,
कहीं कहीं से अगर ज़िंदगी रफ़ू की जाए।

मैं ये भी चाहता हूँ इश्क़ का न हो इल्ज़ाम,
मैं ये भी चाहता हूँ तेरी आरज़ू की जाए।

मोहब्बतों में तू शजरे का भी नहीं मज़कूर[5],
तू चाहता है कि मस्लक पे गुफ़्तुगू की जाए।

मिरी तरह से उजड़ कर बसाएँ शहर-ए-सुख़न[6],
जो नक़्ल करनी है मेरी तो हू-ब-हू की जाए।

---

1. बात करते वक़्त, 2. पेड़, 3. सिखाना, 4. बढ़ने फूलने की ख़्वाहिश, 5. ज़िक्र, बयान
6. बात का शहर

33

अजीब तौर की है अब के सरगिरानी[1] मिरी।
मैं तुझ को याद भी कर लूँ तो मेहरबानी मिरी।

मैं अपने आप में गहरा उतर गया शायद,
मिरे सफ़र से अलग हो गई रवानी मिरी।

बस एक मोड़ मिरी ज़िंदगी में आया था,
फिर इस के बाद उलझती गई कहानी मिरी।

तबाह हो के भी रहता है दिल को धड़का-सा,
कि राएगाँ[2] न चली जाए राएगानी मिरी।

मैं अपने बाद बहुत याद आया करता हूँ,
तुम अपने पास न रखना कोई निशानी मिरी।

---

1. नाराज़गी, दर्द-ए-सर, 2. बेकार

34

दश्त-ए-हैरत[1] में सबील-ए-तिश्नगी[2] बन जाइए।
जो कभी पूरी न हो ऐसी कमी बन जाइए।

रात-भर रहिए मिरे हमराह नींदों की तरह,
दिन चढ़े तो लज़्ज़त-ए-आवारगी[3] बन जाइए।

पहले तो मुझ को अता कीजे वही चेहरा मिरा,
वो नहीं तो फिर मिरी पहचान ही बन जाइए।

ताइर-ए-ख़स्ता[4] की सूरत आप को देखा करूँ,
शाख़-ए-सिद्रा[5] से उतरती रौशनी बन जाइए।

बैठे रहने से तो लौ देते नहीं ये जिस्म-ओ-जाँ,
जुगनुओं की चाल चलिए रौशनी बन जाइए।

---

1. हैरत का जंगल, 2. पियास बुझाने की सबील, 3. आवारा होने की लज़्ज़त, 4. थका-हारा परिन्दा, 5. सिद्रा को डाल (मुसलमानों के अफ़ीफ़ा के मुताबिक़ सातवें आसमान पर का वह पेड़ जिसके आगे कोई नहीं जा सकता)

35

दी है वहशत तो ये वहशत ही मुसलसल हो जाए।
रक़्स करते हुए अतराफ़[1] में जंगल हो जाए।

ऐ मिरे दश्त-मिज़ाजो ये मिरी आँखें हैं,
इन से रूमाल भी छू जाए तो बादल हो जाए।

चलता रहने दो मियाँ सिलसिला दिलदारी का,
आशिक़ी दीन नहीं है कि मुकम्मल हो जाए।

हालत-ए-हिज्र[2] में जो रक़्स नहीं कर सकता,
उस के हक़ में यही बेहतर है कि पागल हो जाए।

मेरा दिल भी किसी आसेब-ज़दा[3] घर की तरह,
ख़ुद-ब-ख़ुद खुलने लगे ख़ुद ही मुक़फ़्फ़ल[4] हो जाए।

डूबती नाव में सब चीख़ रहे हैं 'ताबिश',
और मुझे फ़िक्र ग़ज़ल मेरी मुकम्मल हो जाए।

---

1. चारों तरफ, 2. जुदाई की हालत, 3. जिसे जिन, भूत वग़ैरह ने पकड़ रखा हो, 4. तालाबंद

36

दिल दुखों के हिसार[1] में आया।
जब्र[2] कब इख़्तियार में आया।

दे उसे भी फ़रोग-ए-हुस्न[3] की भीक,
दिल भी लग कर क़तार में आया।

ख़ूब है ये इकाई भी लेकिन,
जो मज़ा इंतिशार[4] में आया।

देखता है न पूछता है कोई,
अजनबी किस दयार[5] में आया।

ये तो जानें मुक़द्दरों वाले,
कौन किस के मदार[6] में आया।

शाख़ पर एक फूल भी 'ताबिश',
मुझ से मिलने बहार में आया।

1. घेरा, 2. ज़ुल्म, ज़ोर, ताक़त, 3. हुस्न को बढ़ाना, 4. तितर-बितर होना, 5. शहर, मुल्क, 6. धुरी, गर्दिश की जगह

37

फ़क़त माल-ओ-ज़र-ए-दीवार-ओ-दर[1] अच्छा नहीं लगता।
जहाँ बच्चे नहीं होते वो घर अच्छा नहीं लगता।

मिरे दुख तक मिरे ख़ूँ और पसीने की कमाई हैं,
तुम्हें क्यूँ मेरी मेहनत का समर[2] अच्छा नहीं लगता।

शिकस्ता सतर चाहे रंग-ओ-बू-ए-पैरहन[3] ठहरे,
किसी सूरत मुझे इज़्ज़-ए-हुनर[4] अच्छा नहीं लगता।

मयस्सर हो न जब तक बू-ए-ताज़ा-तर[5] की हमराही,
हवा की तरह गलियों से गुज़र अच्छा नहीं लगता।

रह-ए-तेशा-तलब[6] तेरी मैं वो दीवार हूँ जिस को,
न हो शोरीदगी[7] जिस में वो सर अच्छा नहीं लगता।

गली में खेलते बच्चों के हाथों का मैं पत्थर हूँ,
मुझे इस सहन का ख़ाली शजर अच्छा नहीं लगता।

चमकता हूँ हर इक महताब-रू[8] के रू-ए-रौशन[9] में,
मैं सूरज हूँ मुझे शब का सफ़र अच्छा नहीं लगता।

---

1. दीवार और दरवाज़े का सीना और माल, 2. फल, 3. कपड़े का रंग और ख़ुशबू, 4. हुनर की इज़्ज़त, 5. ताज़ा ख़ुशबू, 6. कुदाल को चाहने का रास्ता, 7. परेशानी, हैरानी, 8. चाँद जैसा चेहरा, 9. रौशन चेहरा

जिसे देखें वही फिर देखने की आरज़ू ठहरे,
जिसे चाहें वही बार-ए-दिगर[1] अच्छा नहीं लगता।

इसी ख़ातिर उसे 'ताबिश' उचकाना चाहता हूँ मैं,
मुझे तालाब की तह में क़मर[2] अच्छा नहीं लगता।

1. दूसरी मर्तबा, 2. चाँद

38

हँसने नहीं देता कभी रोने नहीं देता।
ये दिल तो कोई काम भी होने नहीं देता।

तुम माँग रहे हो मिरे दिल से मिरी ख़्वाहिश,
बच्चा तो कभी अपने खिलौने नहीं देता।

मैं आप उठाता हूँ शब-ओ-रोज़[1] की ज़िल्लत[2],
ये बोझ किसी और को ढोने नहीं देता।

वो कौन है उस से तो मैं वाक़िफ़[3] भी नहीं हूँ,
जो मुझ को किसी और का होने नहीं देता।

1. रात-दिन, 2. बदनामी, तौहीन, 3. जानने वाला

39

हम ने चुप रह के जो एक साथ बिताया हुआ है।
वो ज़माना मिरी आवाज़ में आया हुआ है।

ग़ैर-मानूस[1] सी ख़ुशबू से लगा है मुझ को,
तू ने ये हाथ कहीं और मिलाया हुआ है।

मैं उसे देख के लौटा हूँ तो क्या देखता हूँ,
शहर का शहर मुझे देखने आया हुआ है।

---

1. जो जाना-पहचाना ना हो

40

इश्क़ की जोत जगाने में बड़ी देर लगी।
साए से धूप बनाने में बड़ी देर लगी।

मैं हूँ इस शहर में ताख़ीर[1] से आया हुआ शख़्स,
मुझ को इक और ज़माने में बड़ी देर लगी।

ये जो मुझ पर किसी अपने का गुमाँ[2] होता है,
मुझ को ऐसा नज़र आने में बड़ी देर लगी।

इक सदा[3] आई झरोखे से कि तुम कैसे हो,
फिर मुझे लौट के जाने में बड़ी देर लगी।

बोलता हूँ तो मिरे होंठ झुलस जाते हैं,
उस को ये बात बताने में बड़ी देर लगी।

मेरे अर्से में कोई सहल[4] न था कार-ए-सुख़न[5],
एक दो शे'र कमाने में बड़ी देर लगी।

मैं सर-ए-ख़ाक[6] कोई पेड़ नहीं था 'ताबिश',
इसलिए पाँव जमाने में बड़ी देर लगी।

---

1. देर, 2. ख़याल, 3. आवाज़, 4. आसान, 5. शायरी, 6. ज़मीन, ज़मीन पर

41

इतना आसाँ नहीं मसनद पे बिठाया गया मैं।
शहर-ए-तोहमत तिरी गलियों में फिराया गया मैं।

मेरे होने से यहाँ आई है पानी की बहार,
शाख़-ए-गिर्या[1] था सर-ए-दश्त[2] लगाया गया मैं।

ये तो अब इश्क़ में जी लगने लगा है कुछ-कुछ,
इस तरफ़ पहले-पहल घेर के लाया गया मैं।

ख़्वाब इतना था कि दीवार पकड़ कर निकला,
उस से मिलने के लिए सूरत-ए-साया[3] गया मैं।

तुझ से कुछ कहने की हिम्मत ही नहीं थी वर्ना,
एक मुद्दत तिरी दहलीज़ तक आया गया मैं।

ख़ल्वत-ए-ख़ास[4] में बुलवाने से पहले 'ताबिश',
आम लोगों में बहुत देर बिठाया गया मैं।

---

1. रोने की डाली, 2. जंगल, 3. साए की तरह, 4. ख़ास तनहाई

42

झिलमिल से क्या रब्त निकालें कश्ती की तक़दीरों का।
तारे कश्फ़[1] नहीं कर सकते बे-आवाज़ जज़ीरों का।

हर नाकामी ने ऐसे भी कुछ दीवारें खींची हैं,
इक बे-नक़्शा शहर बना है ला-हासिल[2] तदबीरों का।

इक मुद्दत से क़र्या-ए-जाँ[3] में झड़ते हैं झंकार के फूल,
जैसे मेरे जिस्म के अंदर मौसम हो ज़ंजीरों का।

दूर से झुण्ड परिंदों का लगते हैं ख़ेमे वालों को,
किस अंदाज़ का आना है ये आग छिड़कते तीरों का।

रात गए जब तारे भी कुछ बे-मानी से लगते हैं,
एक दबिस्ताँ खुलता है उन आँखों की तफ़सीरों[4] का।

एक हथेली पर उस ने महकाए हिना[5] के सुंदर फूल,
एक हथेली की क़िस्मत में लिक्खा दश्त लकीरों का।

---

1. पता लगाना, 2. बेकार, जिसे हासिल नहीं किया जा सके, 3. जान की बस्ती, 4. व्याख्या वज़ाहत, 5. मेहंदी

43

कस कर बाँधी गई रगों में दिल की गिरह तो ढीली है।
उस को देख के जी-भर आना कितनी बड़ी तब्दीली है।

ज़िंदा रहने की ख़्वाहिश में दम दम लौ दे उठता हूँ,
मुझ में साँस रगड़ खाती है या माचिस की तीली है।

उन आँखों में कूदने वालो तुम को इतना ध्यान रहे,
वो झीलें पायाब हैं लेकिन उन की तह पथरीली है।

कितनी सदियाँ सूरज चमका कितने दोज़ख आग जली,
मुझे बनाने वाले मेरी मिट्टी अब तक गीली है।

ज़िंदा हूँ तो मुझे बताएँ नीले होंठों वाले लोग,
मेरा कैसा रंग करेगी बात जो मैं ने पी ली है।

मुमकिन है अब वक़्त की चादर पर मैं करूँ रफ़ू का काम,
जूते मैं ने गाँठ लिए हैं गुदड़ी मैं ने सी ली है।

44

कोई मिलता नहीं ये बोझ उठाने के लिए।
शाम बेचैन है सूरज को गिराने के लिए।

अपने हमज़ाद[1] दरख़्तों में खड़ा सोचता हूँ,
मैं तो आया था इन्हें आग लगाने के लिए।

मैं ने तो जिस्म की दीवार ही ढाई है फ़क़त,
क़ब्र तक खोदते हैं लोग ख़ज़ाने के लिए।

दो पलक बीच कभी राह न पाई वर्ना,
मैं ने कोशिश तो बहुत की नज़र आने के लिए।

लफ़्ज़ तो लफ़्ज़ यहाँ धूप निकल आती है,
तेरी आवाज़ की बारिश में नहाने के लिए।

किस तरह तर्क़-ए-तअल्लुक़[2] का मैं सोचूँ 'ताबिश',
हाथ को काटना पड़ता है छुड़ाने के लिए।

---

1. जो साथ पैदा हुआ हो, साया, शैतान, 2. रिश्ते को तोड़ना

45

महरुख़[1] जो घरों से कभी बाहर निकल आए।
पस-मंज़र-ए-शब से कई मंज़र[2] निकल आए।

तुम अपनी ज़बानों से उसे चाटते रहना,
क्या जानिए दीवार में कब दर[3] निकल आए।

क्या उन को डुबोए किसी दरिया की रवानी,
ये शहर तो कूज़े के समुंदर निकल आए।

दिन-भर तो रहे महर-ए-जहाँ-ताब[4] की सूरत,
जब रात पड़ी भेस बदल कर निकल आए।

आए हैं अगरचे कई चेहरों से उलझ कर,
लगता है कि हम आँख बचा कर निकल आए।

आवाज़ तो दो परतव-ए-महताब[5] को 'ताबिश',
मुमकिन है वो तालाब से बाहर निकल आए।

---

1. चाँद जैसे चेहरे वाला, माशूक़, 2. रात के मंजर के पीछे, 3. दरवाज़ा, 4. दुनिया को चमकाने वाला सूरज़, 5. चाँद का साया

46

मकाँ-भर हम को वीरानी बहुत है।
मगर ये दिल कि सैलान[1] बहुत है।

हमारे पाँव उल्टे हैं सो हम को,
पलट जाने में आसानी बहुत है।

सितारे चोर आँखों से न देखें,
ज़मीं पर मेरी निगरानी बहुत है।

अभी सूखी नहीं मिट्टी की आँखें,
अभी दरियाओं में पानी बहुत है।

अजब-सी शर्त है ये ज़िंदगी भी,
जो मनवाई है कम मानी बहुत है।

ज़रूरत ही नहीं दुश्मन की 'ताबिश',
मुझे मेरी तन-आसानी[2] बहुत है।

---

1. ख़ून या पानी का बहना, 2. आरामतलबी

47

मेरे आसाब[1] मोअत्तल नहीं होने देंगे।
ये परिंदे मुझे पागल नहीं होने देंगे।

तू ख़ुदा होने की कोशिश तो करेगा लेकिन,
हम तुझे आँख से ओझल नहीं होने देंगे।

यार इक बार परिंदों को हुकूमत दे दो,
ये किसी शहर को मक़्तल नहीं होने देंगे।

ये जो चेहरे हैं यहाँ चाँद से चेहरे 'ताबिश',
ये मिरा इश्क़ मुकम्मल नहीं होने देंगे।

1. पट्ठे

48

मेरी तन्हाई बढ़ाते हैं चले जाते हैं।
हँस के तालाब पे आते हैं चले जाते हैं।

इसलिए अब मैं किसी को नहीं जाने देता,
जो मुझे छोड़ के जाते हैं चले जाते हैं।

मेरी आँखों से बहा करती है उन की ख़ुशबू,
रफ़्तगाँ[1] ख़्वाब में आते हैं चले जाते हैं।

शादी-ए-मर्ग[2] का माहौल बना रहता है,
आप आते हैं रुलाते हैं चले जाते हैं।

कब तुम्हें इश्क़ पे मजबूर किया है हम ने,
हम तो बस याद दिलाते हैं चले जाते हैं।

आप को कौन तमाशाई समझता है यहाँ,
आप तो आग लगाते हैं चले जाते हैं।

हाथ पत्थर को बढ़ाऊँ तो सगान-ए-दुनिया[3],
हैरती बन के दिखाते हैं चले जाते हैं।

---

1. जाने वाले, 2. मौत की ख़ुशी, 3. दुनिया के कुत्ते

49

मिरे बदन में लहू का कटाव ऐसा था।
कि मेरा हर-बुन-ए-मू[1] एक घाव ऐसा था।

बिछड़ते वक़्त अजब उलझनों में डाल गया,
वो एक शख़्स कि सीधे स्वभाव ऐसा था।

चली जो बात कोई रात के तआक़ुब[2] में,
तो बात-बात से निकली बहाव ऐसा था।

मैं पूरा-पूरा रवाना था अबजदों[3] की तरफ़,
हिसाब-ए-उम्र[4] तिरा चल-चलाव ऐसा था।

गुल-ए-नशात[5] की ख़ुशबू भी बार थी मुझ को,
मिरे मिज़ाज में ग़म का रचाव ऐसा था।

कनार-ए-लब[6] में न रहती थी मौज-ए-गोयाई[7],
तबीअतों में सुख़न का बहाव ऐसा था।

ठहरता क्या मिरी ख़ाकिस्तरी[8] निगाहों में,
तिरा वजूद तो रौशन अलाव ऐसा था।

---

1. बाल की जड़ , 2. पीछा करना, पीछे जाना, 3. किसी इल्म या फ़न की शुरुआती बातें, 4. उम्र का हिसाब, 5. ख़ुशी का फूल, 6. होंठ का किनारा, 7. बोलने की मौज, 8. राख का बना,

निकल सकी न कोई भी फ़रार[1] की सूरत,
सिपाह-ए-ज़ीस्त[2] का मुझ पर पड़ाव ऐसा था।

न चाह कर भी उसे दिल से चाहते थे हम,
किसी की लाग में 'ताबिश' लगाव ऐसा था।

---

1. भागना, 2. ज़िन्दगी की फ़ौज

50

न तुझ से है न गिला[1] आसमान से होगा।
तिरी जुदाई का झगड़ा जहान से होगा।

तुम्हारे मेरे तअल्लुक़ का लोग पूछते हैं,
कि जैसे फ़ैसला मेरे बयान से होगा।

अगर यूँ ही मुझे रक्खा गया अकेले में,
बरामद और कोई उस मकान से होगा।

जुदाई तय थी मगर ये कभी न सोचा था,
कि तू जुदा भी जुदागाना शान से होगा।

गुज़र रहे हैं मिरे दिन इसी तफ़ाख़ुर[2] में,
कि अगला क़ैस[3] मिरे ख़ानदान से होगा।

---

1. शिकायत, 2. फ़ख्ऱ करना, 3. लैला का आशिक़

51

नक़्श सारे ख़ाक के हैं सब हुनर मिट्टी का है।
इस दयार-ए-रंग-ओ-बू[1] में बस्त-ओ-दर[2] मिट्टी का है।

कुछ तो अपनी गर्दनें कज[3] हैं हवा के ज़ोर से,
और कुछ अपनी तबीअत में असर मिट्टी का है।

चाँदनी ख़ंदा[4] है अपने हुजरा-ए-महताब[5] पर,
और मैं नाज़ाँ[6] हूँ इस पर मेरा घर मिट्टी का है।

रहमतें बरसा के भी अब्र-ए-करम[7] छँटता नहीं,
ऐसे लगता है कि साया चर्ख़[8] पर मिट्टी का है।

ख़ाक से उठते नहीं चलती हवा के साथ हम,
इज़्ज़-ए-ख़ातिर[9] पर बहुत गहरा असर मिट्टी का है।

इक नमूना है किसी की सनअत-ए-तिमसाल[10] का,
ये जो खिड़की है सदा की ये जो घर मिट्टी का है।

क्यूँ न ख़ूँ-ए-ख़ाक[11] से ख़स्ता[12] रहे मेरी अना,
पा-ब-गिल[13] हूँ और ख़मीर-ए-मोतबर[14] मिट्टी का है।

---

1. दुनिया, 2. दरवाज़ा, 3. टेढ़ा, 4. हँसने वाला, 5. चाँद का कमरा, 6. फ़ख़्र करने वाला, नाज़ करने वाला, 7. करम की बारिश, 8. आसमान, 9. दिल, इज़्ज़त, 10. सूरत की कारीगरी, 11. मिट्टी का आदत, 12. ख़राब, 13. मिट्टी में पैर का होना, 14. भरोसेमंद, फ़ितरत

52

पाँव पड़ता हुआ रस्ता नहीं देखा जाता।
जाने वाले तिरा जाना नहीं देखा जाता।

तेरी मर्ज़ी है जिधर उँगली पकड़ कर ले जा,
मुझ से अब तेरे अलावा नहीं देखा जाता।

ये हसद[1] है कि मोहब्बत की इजारादारी[2],
दरमियाँ अपना भी साया नहीं देखा जाता।

तू भी ऐ शख़्स कहाँ तक मुझे बर्दाश्त करे,
बार-बार एक ही चेहरा नहीं देखा जाता।

ये तिरे चाहने वाले भी अजब हैं जानाँ,
इश्क़ करते हैं कि होता नहीं देखा जाता।

ये तेरे बाद खुला है कि जुदाई क्या है,
मुझ से अब कोई अकेला नहीं देखा जाता।

---

1. जलन, अदावत, 2. तिजारत पर किसी की शिर्कत के बग़ैर क़ब्ज़ा

53

पानी आँख में भर कर लाया जा सकता है।
अब भी जलता शहर बचाया जा सकता है।

एक मोहब्बत और वो भी नाकाम मोहब्बत,
लेकिन इस से काम चलाया जा सकता है।

दिल पर पानी पीने आती हैं उम्मीदें,
इस चश्मे में ज़हर मिलाया जा सकता है।

मुझ गुमनाम से पूछते हैं फ़रहाद-ओ-मजनूँ,
इश्क़ में कितना नाम कमाया जा सकता है।

ये महताब ये रात की पेशानी का घाव,
ऐसा ज़ख़्म तो दिल पर खाया जा सकता है।

फटा-पुराना ख़्वाब है मेरा फिर भी 'ताबिश',
इस में अपना-आप छुपाया जा सकता है।

54

परिंदे पूछते हैं तुम ने क्या क़ुसूर किया।
वो क्या कहें जिन्हें हिजरत ने घर से दूर किया।

यही बहुत है कि उस अहद-ए-बे-पयम्बर[1] में,
कहीं चराग़ कहीं ख़्वाब ने ज़ुहूर[2] किया।

ये मेरा ख़ाक में मिलना बसा ग़नीमत है,
कि मैं ने इज़्ज़ की ख़ातिर बहुत ग़ुरूर[3] किया।

फ़लक से फेंक के देखा कि टूटने का नहीं,
गिरा के अपनी निगाहों से चूर-चूर किया।

गुबार-ए-दर-ब-दरी[4] जिस ने कर दिया मुझ को,
मुसाफ़िरों को उसी धूप ने खजूर किया।

---

1. बग़ैर रसूल का ज़माना, 2. ज़ाहिर होना, नज़र आना, दिखना, 3. घमंड, 4. इधर-उधर भटकने का ग़ुबार

55

रम्ज़-गर[1] भी गया रम्ज़-दाँ[2] भी गया।
हुस्न के साथ हुस्न-ए-बयाँ[3] भी गया।

सर से तारों भरी सर-ज़मीं भी गई,
पाँव से ख़ाक का आसमाँ भी गया।

फूल ही फूल थे कुंज-ए-आज़ार[4] में,
तुम वहाँ भी न थे मैं वहाँ भी गया।

पहले मिट्टी उड़ी मंजिलों की तरफ़,
फिर उसे ढूँढ़ने कारवाँ भी गया।

मैं अकेला न था कू-ए-रुसवाई[5] में,
साथ वीराना-ए-जिस्म-ओ-जाँ[6] भी गया।

रंग पस्ती के फिर भी न इफ़्शा[7] हुए,
यूँ तो पाताल तक आसमाँ भी गया।

---

1. भेद वाला, 2. भेद जानने वाला, 3. अच्छे से बयान करना, 4. तकलीफ़ की तन्हाई, 5. रुसवाई की गली, 6. जिस्म और जान की वीरानी, 7. ज़ाहिर होना,

इश्क़ में बाम-ओ-दर[1] भी न पीछे रहे,
साथ अपने मकीं[2] के मकाँ भी गया।

'ताबिश' अपने बसेरे की जानिब चलो,
इस से क्या तुम को सूरज जहाँ भी गया।

1. कोठा और दरवाज़ा, 2. मकान में रहने वाले लोग

56

साँस के शोर को झंकार न समझा जाए।
हम को अंदर से गिरफ़्तार न समझा जाए।

उस को रस्ते से हटाने का ये मतलब तो नहीं,
किसी दीवार को दीवार न समझा जाए।

मैं किसी और हवाले से उसे देखता हूँ,
मुझ को दुनिया का तरफ़दार न समझा जाए।

ये ज़मीं तो है किसी काग़ज़ी कश्ती जैसी,
बैठ जाता हूँ अगर बार न समझा जाए।

उस को आदत है घने पेड़ में सो जाने की,
चाँद को दीदा-ए-बेदार[1] न समझा जाए।

अपनी बातों पे वो क़ायम नहीं रहता 'ताबिश',
उस के इनकार को इनकार न समझा जाए।

---

1. जागने वाली आँख

57

शाख़ पर फूल फ़लक पर कोई तारा भी नहीं।
मैं भी तन्हा हूँ बहुत कोई तुम्हारा भी नहीं।

एक तो मुड़ के न जाने की अज़ीयत[1] थी बहुत,
और उस पर ये सितम कोई पुकारा भी नहीं।

कह रहा था कि मोहब्बत में तकल्लुम[2] कैसा,
मैं जो चौंका तो कहाँ इज़्न-ए-इशारा[3] भी नहीं।

उम्र-ए-मा-बाद अगर तेरे अलावा कुछ है,
फिर तो मैं अब भी नहीं और दोबारा भी नहीं।

1. तकलीफ़, 2. बात करना, 3. इशारा करने की इजाज़त

58

शायद किसी बला का था साया दरख़्त पर।
चिड़ियों ने रात शोर मचाया दरख़्त पर।

मौसम तुम्हारे साथ का जाने किधर गया,
तुम आए और न बौर ही आया दरख़्त पर।

देखा न जाए धूप में जलता हुआ कोई,
मेरा जो बस चले करूँ साया दरख़्त पर।

सब छोड़े जा रहे थे सफ़र की निशानियाँ,
मैं ने भी एक नक़्श बनाया दरख़्त पर।

अब के बहार आई है शायद ग़लत जगह,
जो ज़ख़्म दिल पे आना था आया दरख़्त पर।

हम दोनों अपने अपने घरों में मुक़ीम[1] हैं,
पड़ता नहीं दरख़्त का साया दरख़्त पर।

---

1. रहने वाला

59

शजर समझ के मिरा एहतिराम[1] करते हैं।
परिंदे रात को मुझ में क़याम[2] करते हैं।

सुनो तुम आख़िर-ए-शब[3] गुफ़्तुगू दरख़्तों की,
ये कम-कलाम[4] भी क्या-क्या कलाम[5] करते हैं।

कहाँ की ज़िंदगी हम को तो शर्म मार गई,
कि तेरी चीज़ है और तेरे नाम करते हैं।

हमें तो इसलिए जा-ए-नमाज़[6] चाहिए है,
कि हम वजूद से बाहर क़याम करते हैं।

अगर कभी मुझे मौजूदगाँ से फ़ुर्सत हो,
तो रफ़्तगाँ मिरी नींदें हराम करते हैं।

लहू के घूँट न पीता तो और क्या करता,
वो कह रहे थे तिरा इंतज़ाम करते हैं।

---

1. इज़्ज़त, 2. ठहरना, 3. रात का आख़िर, 4. बात न करने वाला, 5. बात करना, 6. वह चीज़ जिस पर नमाज़ पढ़ते हैं,

हमें समाअत-ए-बे-लफ़्ज़[1] की इजाज़त है,
हमारे साथ परिंदे कलाम करते हैं।

अभी तो घर में न बैठें, कहो बुज़ुर्गों से,
अभी तो शहर के बच्चे सलाम करते हैं।

---

1. लफ़्ज़ के बिना आवाज़ सुनना

60

शे'र लिखने का फ़ायदा क्या है।
उस से कहने को अब रहा क्या है।

पहले से तयशुदा मोहब्बत में,
तू बता तेरा मशवरा क्या है।

सुर्ख़ क्यूँ हो रहे हैं तेरे कान,
मैं ने तुझ से अभी कहा क्या है।

आँखें मल-मल के देखता हूँ उसे,
दोपहर में ये चाँद-सा क्या है।

मेरा हम-अस्र[1] सुब्ह का तारा,
मेरे बारे में जानता क्या है।

सोचते होंठ बोलती आँखें,
हैरती का मुकालमा[2] क्या है।

शोर-सा उठ रहा है चार-तरफ़,
कुछ गिरा है मगर गिरा क्या है।

---

1. एक वक़्त का, 2. गुफ़्तगू, एक-दूसरे से बात करना

61

मैं यहाँ से पलटना चाहता हूँ।
ऐ ख़ुदा तेरा मशवरा क्या है।

जिस्म के उस तरफ़ है गुल आबाद,
फाँद दीवार देखता क्या है।

मेरी ख़ुद से मुफ़ाहमत[1] न हुई,
तू बता तेरा मसअला क्या है।

इसलिए बोलने पे हूँ मजबूर,
आप सोचेंगे सोचता क्या है।

ये बहुत देर में हुआ मालूम,
इश्क़ क्या है मुग़ालता[2] क्या है।

मैं तो आदी[3] हूँ ख़ाक छानने का,
तुम बताओ कि ढूँढ़ना क्या है।

---

1. समझौता, 2. धोखा, भूल-चूक, 3. वह आदमी जिसे किसी चीज़ की आदत पड़ गई हो,

इश्क़ कर के भी खुल नहीं पाया,
तेरा मेरा मुआमला क्या है।

मैं बना था खनकती मिट्टी से,
मेरे अंदर सुकूत[1]-सा क्या है।

1. ख़ामोशी

62

सुब्ह की पहली किरन पहली नज़र से पहले।
हम को होना है कहीं और सहर[1] से पहले।

चाँद ने देख लिया हम को कनार-ए-दरिया[2],
भाग चलते हैं किसी और ख़बर से पहले।

लौ लगाने से गई दर-बदरी की ज़िल्लत,
ख़ुद को पहुँचा हुआ लगता हूँ सफ़र से पहले।

क्यूँ न दुनिया को दिखाऊँ मैं जले हाथ का ज़ख़्म,
कुछ चराग़ों से तअल्लुक़ था उधर से पहले।

इक हथेली है मिरी एक हथेली उस की,
सब दुआएँ हैं असर-याब[3] असर से पहले।

शाम के बाद अँधेरा नहीं रहता घर में,
एक सूरज निकल आता है सहर से पहले।

---

1. सुब्ह, 2. दरिया का किनारा, 3. असर पाने वाला,

तब मिरी आँख खुला करती थी अंदर की तरफ़,
मैं ने देखा है उसे पहली नज़र से पहले।

तू फ़क़त सीना-ओ-दिल है न फ़क़त आरिज़-ओ-लब[1],
सुख़न आग़ाज[2] करे कोई किधर से पहले।

---

1. गाल और होंठ, 2. शुरुआत

63

तेरे लिए सब छोड़ के तेरा न रहा मैं।
दुनिया भी गई इश्क़ में तुझ से भी गया मैं।

इक सोच में गुम हूँ तिरी दीवार से लग कर,
मंज़िल पे पहुँच कर भी ठिकाने न लगा मैं।

वर्ना कोई कब गालियाँ देता है किसी को,
ये उस का करम है कि तुझे याद रहा मैं।

मैं तेज़ हवा में भी बगूले[1] की तरह था,
आया था मुझे तैश मगर झूम उठा मैं।

इस दर्जा मुझे खोखला कर रक्खा था ग़म ने,
लगता था गया अब के गया अब के गया मैं।

ये देख मिरा हाथ मिरे ख़ून से तर है,
ख़ुश हो कि तिरा मद्द-ए-मुक़ाबिल[2] न रहा मैं।

इक धोके में दुनिया ने मिरी राय तलब की,
कहते थे कि पत्थर हूँ मगर बोल पड़ा मैं।

अब तैश में आते ही पकड़ लेता हूँ पाँव,
इस इश्क़ से पहले कभी ऐसा तो न था मैं।

---

1. हवा का चक्कर, गिर्दबाद, 2. मुख़ालिफ़, प्रतिद्वंदी, आमने-सामने

64

तिलिस्म-ए-ख़्वाब[1] से मेरा बदन पत्थर नहीं होता।
मिरी जब आँख खुलती है मैं बिस्तर पर नहीं होता।

यक़ीं आता नहीं तो मुझ को या महताब को देखो,
कि रात उस की भी कट जाती है जिस का घर नहीं होता।

जिधर देखूँ उधर ही देखता रहता हूँ पहरों तक,
मुझे अतराफ़ का ख़ाली वरक़[2] अज़बर[3] नहीं होता।

खजूरें और पानी ले के आगे बढ़ता जाता हूँ,
मगर ये कोह-ए-इम्काँ[4] है कि मुझ से सर नहीं होता।

कम-अज़-कम मुझ से दुनिया को शिकायत तो नहीं होगी,
मैं इस जैसा ही बन जाऊँ अगर बेहतर नहीं होता।

जवाज़[5] अपना बनाता हूँ किसी नादीदा[6] ख़ित्ते[7] में,
जहाँ मेरी ज़रूरत हो वहाँ अक्सर नहीं होता।

बहाता हूँ कहीं अपने सिफ़ाल-ए-बे-मुरक्कब[8] को,
मैं गिर्ये[9] के दिनों में चाक-ए-दुनिया[10] पर नहीं होता।

---

1. नींद का जादू, 2. सफ़हा, पन्ना, 3. याद, हिफ़्ज, 4. इमकान का पहाड़, 5. जायज़, इजाज़त, 6. ना देखा, 7. इलाक़ा, मुल्क का टुकड़ा, 8. ठीकरा जो अभी ना बना हो, 9. रोना, 10. दुनिया का चाक,

गिला तो ख़ैर क्या होगा बस इतना तुम से कहना है,
तुम्हारी उम्र में कोई सितमपरवर[1] नहीं होता।

तो फिर यूँ है कि मैं ने उस को चाहा ही नहीं 'ताबिश',
अगर उस की शबाहत[2] का गुमाँ मुझ पर नहीं होता।

---

1. ज़ालिम, बेइंसाफ़, 2. शक्ल, सूरत

65

टूट जाने में खिलौनों की तरह होता है।
आदमी इश्क़ में बच्चों की तरह होता है।

इसलिए मुझ को पसंद आता है सहरा[1] का सुकूत[2],
इस का नश्शा तिरी बातों की तरह होता है।

हम जिसे इश्क़ में देते हैं ख़ुदा का मंसब[3],
पहले-पहले हमें लोगों की तरह होता है।

जिस से बनना हो तअल्लुक़ वही ज़ालिम पहले,
ग़ैर होता है न अपनों की तरह होता है।

चाँदनी रात में सड़कों पे क़दम मत रखना,
शहर जागे हुए नागों की तरह होता है।

बस यही देखने को जागते हैं शहर के लोग,
आसमाँ कब तिरी आँखों की तरह होता है।

उस से कहना कि वो सावन में न घर से निकले,
हाफ़िज़ा[4] इश्क़ का साँपों की तरह होता है।

उस की आँखों में उमड़ आते हैं आँसू 'ताबिश',
वो जुदा चाहने वालों की तरह होता है।

---

1. बयाबान, जंगल, 2. ख़ामोशी, 3. ओहदा, 4. याददाश्त, याद करने की ताक़त

66

उस का ख़याल ख़्वाब के दर[1] से निकल गया।
फिर मैं भी अपने दीदा-ए-तर[2] से निकल गया।

पलकें भी बह गईं ख़स-ओ-ख़ाशाक[3] की तरह,
मैं अपने साहिलों[4] के असर से निकल गया।

तन्हाई से थी मेरी मुलाक़ात आख़िरी,
रोया और इस के बाद मैं घर से निकल गया।

जब शम्अ-ए-इंतिज़ार[5] उठा ली मुँडेर से,
दस्त-ए-हवा[6] भी हल्क़ा-ए-दर[7] से निकल गया।

रस्ते में आँख थी सग-ए-मामूर[8] की तरह,
दिल में जो चोर था वो किधर से निकल गया।

अब ले ले मुझ को अपनी हथेली की ओट में,
मेरा सितारा बुर्ज[9]-ए-सफ़र से निकल गया।

मेरे ही साथ घर में नज़रबंद था तो फिर,
तेरा ख़याल कौन-से दर से निकल गया।

---

1. दरवाज़ा, 2. भीगी हुई आँख, 3. कूड़ा-करकट, 4. किनारा, 5. इंतिज़ार का चराग़, 6. हवा का हाथ, 7. दरवाज़े की कुण्डली, 8. तैनात किया हुआ कुत्ता, 9. बुर्ज सितारे के मक़ाम को कहते हैं। आसमा के दायरे का बारहवाँ हिस्सा भी बुर्ज कहा जाता है।

67

वो आने वाला नहीं फिर भी आना चाहता है।
मगर वो कोई मुनासिब बहाना चाहता है।

ये ज़िंदगी है ये तो है ये रोज़गार[1] के दुख,
अभी बता दे कहाँ आज़माना चाहता है।

कि जैसे उस से मुलाक़ात फिर नहीं होगी,
वो सारी बातें इकट्ठी बताना चाहता है।

मैं सुन रहा हूँ अँधेरे में आहटें कैसी,
ये कौन आया है और कौन जाना चाहता है।

उसे ख़बर है कि मजनूँ को रास है जंगल,
वो मेरे घर में भी पौदे लगाना चाहता है।

वो ख़ुदग़रज़ है मोहब्बत के बाब[2] में 'ताबिश',
कि एक पल के एवज़[3] इक ज़माना चाहता है।

---

1. ज़माना, काल, समय, 2. बारे में, 3. बदले में

68

वो चाँद हो कि चाँद-सा चेहरा कोई तो हो।
इन खिड़कियों के पार तमाशा कोई तो हो।

लोगो, इसी गली में मिरी उम्र कट गई,
मुझ को गली में जानने वाला कोई तो हो।

मुझ को तो अपनी ज़ात[1] का इसबात[2] चाहिए,
होता है और मेरे अलावा कोई तो हो।

जिस सम्त जाइए वही दरिया है सामने,
इस शहर से फ़रार का रस्ता कोई तो हो।

अपने सिवा भी मैं कोई आवाज़ सुन सकूँ,
वो बर्ग-ए-ख़ुश्क[3] हो कि परिंदा कोई तो हो।

यूँ ही ख़याल आता है बाँहों को देख कर,
इन टहनियों पे झूलने वाला कोई तो हो।

हम इस उधेड़बुन में मोहब्बत न कर सके,
ऐसा कोई नहीं मगर ऐसा कोई तो हो।

मुश्किल नहीं है इश्क़ का मैदान मारना,
लेकिन हमारी तरह निहत्था कोई तो हो।

---

1. शख़्सियत, 2. तसदीक़, साबित करना, 3. सूखी पत्ती

69

वो कौन है जो पस-ए-चश्म-ए-तर[1] नहीं आता।
समझ तो आता है लेकिन नज़र नहीं आता।

अगर ये तुम हो तो साबित करो कि ये तुम हो,
गया हुआ तो कोई लौट कर नहीं आता।

ये दिल भी कैसा शजर[2] है कि जिस की शाख़ों[3] पर,
परिंदे आते हैं लेकिन समर[4] नहीं आता।

ये जम्अ ख़र्च ज़बानी है उस के बारे में,
कोई भी शख़्स उसे देख कर नहीं आता।

हमारी ख़ाक पे अंधी हवा का पहरा है,
उसे ख़बर है यहाँ कूज़ा-गर[5] नहीं आता।

ये बात सच है कि इस को भुला दिया मैं ने,
मगर यक़ीं मुझे इस बात पर नहीं आता।

नज़र जमाए रखूँगा मैं चाँद पर 'ताबिश',
कि जब तलक ये परिंदा उतर नहीं आता।

---

1. आँखों के भीग जाने के बाद, 2. दरख़्त, पेड़, 3. डाली, 4. फल, 5. कुम्हार, मिट्टी का बर्तन बनाने वाला

70

याद कर-कर के उसे वक़्त गुज़ारा जाए।
किस को फ़ुर्सत है वहाँ कौन दोबारा आ जाए।

शक-सा होता है हर इक पे कि कहीं तू ही न हो,
अब तिरे नाम से किस-किस को पुकारा जाए।

साइरा तुझ को बहुत याद हैं उस की बातें,
क्यूँ न कुछ वक़्त तिरे साथ गुज़ारा जाए।

जिस तरह पेड़ को बढ़ने नहीं देती कोई बेल,
क्या ज़रूरी है मुझे घेर के मारा जाए।

ऐन मुमकिन[1] है कि हो उस से इलाज-ए-वहशत[2],
शहर में ज़ोर से इक नाम पुकारा जाए।

उस हसीं शख़्स की ख़ातिर जो कहा है 'ताबिश',
कम है इस शे'र को जितना भी सँवारा जाए।

---

1. बहुत हद तक मुमकिन, 2. वहशत का इलाज, घबराहट का इलाज

71

ये हम जो हिज्र[1] में उस का ख़याल बाँधते हैं।
हवा की शाख़ से बू-ए-विसाल[2] बाँधते हैं।

हमारे बस में कहाँ ज़ीस्त[3] को सुख़न[4] करना,
ये क़ाफ़िया[5] फ़क़त[6] अहल-ए-कमाल[7] बाँधते हैं।

ये अहद-ए-जैब-तराशां को अब हुआ मालूम,
यहाँ के लोग गिरह में सवाल बाँधते हैं।

वो ख़ूब जानते हैं हम दुआ-निहादों[8] को,
हमारे साथ ब-वक़्त-ए-ज़वाल[9] बाँधते हैं।

सभी को शौक़-ए-असीरी[10] है अपनी-अपनी जगह,
वो हम को और हम उन का ख़याल बाँधते हैं।

तुम्हें पता हो कि हम साहिलों के पर्वर्दा[11],
मोहब्बतों में भी मज़बूत जाल बाँधते हैं।

फिर इस के बाद कहीं भी वो जा नहीं सकता,
जिसे भी बाँधते हैं हम कमाल बाँधते हैं।

---

1. जुदाई, 2. विसाल की ख़ुशबू, 3. ज़िन्दगी, 4. बात, 5. रदीफ़ से पहले का लफ़्ज़, पै दर पै आने वाला, 6. सिर्फ़, 7. बा-हुनर लोग, क़ाबिलियत वाला आदमी, 8. दुआ करने वाले लोग, दुआ में यक़ीन करने वाले लोग, 9. सूरज ढलते वक्त, 10. क़ैद होने का शौक़, 11. पाला हुआ, परवरिश किया हुआ

72

ये हम को कौन-सी दुनिया की धुन आवारा रखती है।
कि ख़ुद साबित-क़दम[1] रह कर हमें सय्यारा[2] रखती है।

अगर बुझने लगें हम तो हवा-ए-शाम-ए-तन्हाई[3],
किसी मेहराब में जा कर हमें दोबारा रखती है।

चलो हम धूप जैसे लोग ही उस को निकाल आएँ,
सुना है वो नदी तह में कोई मह-पारा[4] रखती है।

हमें किस काम पर मामूर करती है ये दुनिया भी,
कि तर्सील-ए-ग़म-ए-दिल[5] के लिए हरकारा रखती है।

कभी सर फोड़ने देती नहीं दीवार से 'ताबिश',
ये क्या दीवानगी है जो हमें नाकारा रखती है।

---

1. पैर का एक जगह जमा होना, मज़बूत, साबित, 2. गर्दिश में रहने वाला, चलता रहने वाला, 3. तन्हाई की शाम की हवा, 4. चाँद का टुकड़ा, 5. दिल के ग़म को पहुँचाना

73

ये किस के ख़ौफ़ का गलियों में ज़हर फैल गया।
कि एक नाश[1] के मानिंद शहर फैल गया।

नहीं गिरफ़्त में ता-हद्द-ए-ख़ाक का मंज़र,
सिमट गईं मिरी बाँहें कि दहर[2] फैल गया।

तुझे क़रीब समझते थे घर में बैठे हुए,
तिरी तलाश में निकले तो शहर फैल गया।

मैं जिस तरफ़ भी चला जाऊँ जान से जाऊँ,
बिछड़ के तुझ से तो लगता है दहर फैल गया।

मकाँ मकान से निकला कि जैसे बात से बात,
मिसाल-ए-क़िस्सा-ए-हिज्राँ[3] ये शहर फैल गया।

बचा न कोई तिरी धूप की तमाज़त[4] से,
तिरा जमाल[5] ब-अंदाज़-ए-क़हर[6] फैल गया।

ये मौज मौज बनी किस की शक्ल-सी 'ताबिश',
ये कौन डूब के भी लहर-लहर फैल गया।

---

1. लाश, 2. ज़माना, 3. जुदाई के क़िस्से की तरह, 4. गर्मी, शिद्दत की गर्मी, 5. ख़ूबसूरती, 6. क़हर की तरह

74

ये वाहिमे[1] भी अजब बाम-ओ-दर[2] बनाते हैं।
हवा की शाख़ पे ख़ुश्बू का घर बनाते हैं।

कफ़-ए-ख़याल[3] पे अक्स-ए-नशात-ए-रंग[4] तिरा,
नहीं बनाने का यारा[5] मगर बनाते हैं।

ये मश्ग़ला[6] है तिरे आशियाँपरस्तों[7] का,
कि ज़ेर-ए-दाम[8] पड़े बाल-ओ-पर बनाते हैं।

वो अपनी मर्ज़ी का मतलब निकाल लेता है,
अगरचे बात तो हम सोचकर बनाते हैं।

मैं जब भी धूप के सहरा में जा निकलता हूँ,
वो हाथ मुझ पे दुआ का शजर बनाते हैं।

मिरी मिसाल है उन सब्ज़[9] शाख़चों[10] जैसी,
जो धूप काट के मल्बूस ज़र[11] बनाते हैं।

हम उस को भूल के करते हैं शाइरी 'ताबिश',
कमाल-ए-बे-हुनरी[12] से हुनर बनाते हैं।

1. क़ुव्वत-ए-तसव्वुर, वह क़ुव्वत जिसमें ऐसी बारीकियाँ मालूम हों जिनका तअल्लुक़ महसूसात से है, 2. कोठा और दरवाज़ा, 3. ख़याल की हथेली, 4. रंग की ख़ुशी का साया, 5. ताक़त, क़ुव्वत, 6. काम, 7. आशियाँ को पूजने वाले, 8. जाल के नीचे, 9. हरा, 10. छोटी डालियाँ, 11. सुनहरा लिबास, 12. बिना हुनर के

75

यूँ तो शीराज़ा-ए-ज़ाँ[1] कर के बहम[2] उठते हैं।
बैठने लगता है दिल जूँही क़दम उठते हैं।

हम तो इस रज़्म-गह-ए-वक़्त[3] में रहते हैं जहाँ,
हाथ कट जाएँ तो दाँतों से अलम[4] उठते हैं।

सहल अंगार-तबीअत[5] का बुरा हो जिस से,
नाज़ उठते हैं तिरे और न सितम उठते हैं।

कोई रौंदे तो उठाते हैं निगाहें अपनी,
वर्ना मिट्टी की तरह राह से कम उठते हैं।

नींद जाती ही नहीं अर्ज़-ए-हुनर[6] से आगे,
दफ़्तर-ए-ग़म[7] ही सदा कर के रक़म[8] उठते हैं।

दिन की आग़ोश-ए-रज़ाअत[9] से निकल कर 'ताबिश',
रात की रात कफ़-ए-ख़ाक[10] से हम उठते हैं।

---

1. जान को बाकी रखने वाला फ़ीता (शीराज़ा उस फीते को कहते हैं जो किताब की जिल्दसाज़ी के बाद उसकी पीठ पर लगाते हैं), 2. इकट्ठा, 3. वक़्त की मैदान-ए-जंग, 4. झंडा, 5. आसानी पसन्द तबीअत, 6. हुनर ज़ाहिर करना, 7. ग़म का दफ़्तर, 8. लिखना, तहरीर करना, 9. दूध पीने की मुद्दत की गोद, 10. मिट्टी की हथेली

76

अब वो सूरत है न वो अक्स-गरी[1] है मुझ में।
ख़ुश्क दरिया की तरह रेत भरी है मुझ में।

अब तो जाग ऐ ग़म-ए-जानाँ[2] कि है सूरज सर पर,
तूने ऐ यार बहुत नींद करी है मुझ में।

चाँद से मेरा तअल्लुक़ किसी दरिया का नहीं,
उस गुल-ए-ज़र्द[3] की परछाईं हरी है मुझ में।

बादबाँ[4] और कोई दैर[5] न खोले जाएँ,
लंगर अन्दाज़[6] कोई ख़ुश-ख़बरी है मुझ में।

मुझ पे क्यों सुब्ह का तारा नमक-अफ़्शाँ[7] न रहे,
हमातन[8] ज़ख़्म हूँ नींद भरी है मुझ में।

दनदनाते हुए सय्यारा-ओ-फ़लक[9] पे ख़ाक,
मैं ख़जिल[10] हूँ कि ये क्या दर-बदरी[11] है मुझ में।

एक दाने पे रक़म सूरा-ए-इम्काँ[12] से खुला,
उससे भी कम पे अजब नक़्शगरी[13] है मुझ में।

---

1. सूरत बनाने का हुनर, 2. महबूबा का ग़म, 3. पीला फूल, 4. नाख़ुदा, 5. बुतख़ाना, मन्दिर, 6. लंगर डालने वाला, 7. नमक छिड़कने वाला, 8. सर-बसर, बिल्कुल, पूरे का पूरा, 9. आसमान और सय्यारा, 10. शर्मिन्दा, 11. दरवाज़े दरवाज़े घूमना, 12. इनकान का सूरा, 13. नक़्श बनाने का काम

तू नहीं वो तो कोई और है तुझ में पिन्हाँ[1],
मैं नहीं वो तो कोई और जरी[2] है मुझ में।

मेरे बाहर के अँधेरों में भटकते हुए शख़्स,
तू ने किसके लिए क़िन्दील[3] धरी है मुझ में।

1. छिपा हुआ, 2. बहादुर, 3. फ़ानूस, चराग़

77

ग़र्क़[1] शहरों की कहानी और है।
तेरी मेरी राएगानी[2] और है।

जीने मरने के अलावा भी यहाँ,
एक सूरत दर्मियानी और है।

मेरे गिरने को ज़माने चाहिए,
मेरी बुनियादों में पानी और है।

घर टपकता देख कर रोती है माँ,
छत तले इक छत पुरानी और है।

उसकी यादों ने तन आसाँ[3] कर दिया,
उसकी मुझ पर मेहरबानी और है।

कोई आए दिल धड़कता ही नहीं,
ये क़यामत की निशानी और है।

तुम इसे अच्छे दिनों में देखना,
वक़्त की अपनी रवानी[4] और है।

---

1. डूबा हुआ, 2. बेकारी, 3. आराम-तलब, आराम-पसन्द, 4. बहाव, तेज़ी

78

समझ में कोई मिसाल आए तो आने देना।
कहीं से उसका ख़याल आए तो आने देना।

यही तो दिन हैं किसी मुसलसल मुकालमे[1] के,
कहीं से चुभता सवाल आए तो आने देना।

ये देखना कोई बात होने से रह न जाए,
अगर हमें इश्तिआल[2] आए तो आने देना।

बिछड़ने वाले! तिरे लिए एक मश्वरा है,
कभी हमारा ख़याल आए तो आने देना।

---

1. गुफ़्तुगू, हमकलामी, 2. जोश, गुस्सा

79

सुकूत-ए-नीम-शबी[1] सुन के डर गए हम भी।
हमें सँभाल कि गीतों से भर गए हम भी।

हमें पसन्द थी शहद-ओ-शराब की दुनिया,
किताब-ए-सब्ज़[2] की तस्दीक़ पर गए हम भी।

हमारे साथ फ़रिश्ते कलाम[3] करते हैं,
कभी-कभी तो ये लगता है मर गए हम भी।

ज़माना हिज्र का हम पर भी झील-सा गुज़रा,
कि रुत बदलते ही मिट्टी से भर गए हम भी।

बिछड़ने वालो! कभी आईना भी देखना तुम,
तुम्हारे साथ कोई हाथ कर गए हम भी।

---

1. आधी रात की ख़ामोशी, 2. हरी किताब, 3. बात

80

खा के सूखी रोटियाँ पानी के साथ।
जी रहा था कितनी आसानी के साथ।

यूँ भी मंज़र[1] को नया करता हूँ मैं,
देखता हूँ उसको हैरानी के साथ।

घर में इक तसवीर जंगल की भी है,
राब्ता रहता है वीरानी के साथ।

आँख की तह में कोई सहरा न हो,
आ रही है रेत भी पानी के साथ।

ज़िन्दगी का मसअला[2] कुछ और है,
शे'र कह लेता हूँ आसानी के साथ।

---

1. नज़ारा, तमाशागाह, 2. सवाल, परेशानी

81

कोई ख़्वाब-ए-ख़बर[1] आसार देखें।
कभी उन वहशतों के पार देखें।

हवा भी मुँह चिढ़ाने लग गई है,
उसे भी कोई पत्थर मार देखें।

यहाँ की ख़ामुशी भी गूँजती है,
पस-ए-आवाज़ा-ए-कुहसार[2] देखें।

वगरना मार देगी ये उदासी,
कोई रू-ए-सुख़न[3] आसार देखें।

ये लब साहिल पे रौशन आग जैसे,
ये ठाठें मारते रुख़्सार[4] देखें।

ये आँखों में कड़े दिन का तमव्वुज,
ये बातों के घने अशजार[5] देखें।

तुम अपने देखने वालों से कहना,
मुझे देखें मिरा मेयार देखें।

ये चेहरा भी कई मफ़हूम[6] देगा,
उसे हर बार पहली बार देखें।

---

1. असरदार ख़बर का ख़्वाब, 2. पहाड़ों की आवाज़ के पीछे, 3. बाअसर बात का चेहरा, 4. गाल, 5. पेड़, दरख़्त, 6. मतलब

82

ये जो बे-वक़्त सुब्ह-याबी[1] है।
किसकी आँखों की नीम-ख़्वाबी[2] है।

तू जो अच्छा बहुत ही अच्छा लगा,
दोस्त तुझमें कोई ख़राबी है।

मुझ पे तोहमत तराशने वालो,
ये मिरी पहली कामयाबी है।

जी भर आना गुलाब खिलने पर,
इस्तिआरे[3] की बाज़याबी[4] है।

मेरी तिश्ना-लबी[5] के साहिल पर,
चाँदनी से भरी गुलाबी है।

ये समर[6] का बहाना है वरना,
शाख़ का इज़्न-ए-बारयाबी[7] है।

मैं फ़लक को बुरा नहीं कहता,
मेरे नज़दीक ये सहाबी[8] है।

---

1. सुब्ह को पाना, 2. आधी नींद की हालत, 3. इल्म-ए-ब्यान की इस्तिलाह से मजाज़ की एक क़िस्म है जिसमें किसी लफ़्ज के मजाज़ी और हक़ीक़ी मानी के बीच तस्बीह का इलाक़ा पाया जाता है। इसे एक चीज़ को दूसरे के मानिंद बताने के लिए भी इस्तेमाल करते हैं, 4. दोबारा हासिल करो, 5. प्यास, 6. फल, 7. फल लाने की इजाज़त, 8. रसूलुल्लाह सल्लाललाहु अलैहि वसल्लम की साथी

ऐ असीरान-ए-ख़ाना-ए-दिल बन्द[1],
घर के अन्दर ही घर की चाबी है।

'ताबिश' उस घर के शोर का हासिल,
एक टूटी हुई रिकाबी है।

1. महबूब के घर के क़ैदी

83

कैसा रंग–ओ–रौशनी का क़हर है।
दिन ढले भी शहर में दोपहर है।

आदमी अब भाग कर जाए कहाँ,
शहर के चारों तरफ़ भी शहर है।

मर गया है चाँद भी चिड़ियों के साथ,
झील के पानी में कितना ज़हर है।

हिज्र[1] भी पलकें झपकने लग गया,
इश्क़ की दुनिया में पिछला पहर है।

बस यहीं तक है ये दरिया ख़ून का,
इससे आगे तितलियों का शहर है।

---

1. जुदाई

84

अल्फ़ाज़ बादशाह के, लहजा फ़क़ीर का।
किस इम्तियाज़[1] से चला क़िस्सा फ़क़ीर का।

तोहमत मिली कहीं से कहीं से ज़र-ए-मलाल[2],
ख़ाली नहीं रहा कभी कासा फ़क़ीर का।

सुनते हैं अब वहाँ हैं कई घर बने हुए,
अब वो फ़क़ीर है न वो तकिया फ़क़ीर का।

आवाज़ साथ-साथ है दमसाज़[3] की तरह,
बज उठा है खड़ाऊँ से रस्ता फ़क़ीर का।

फिर उसके बाद शहर की हालत बदल गई,
बदला था बादशाह ने हुलिया[4] फ़क़ीर का।

ये मेहरबानियाँ नहीं ऊँचे दरख़्त की,
'ताबिश' हमारे सर पे है साया फ़क़ीर का।

---

1. फ़र्क़, शनाख़्त, 2. रंज की दौलत, 3. राज़दार, दोस्त, 4. शक्ल-ओ-सूरत, सरापा

85

लफ़्ज़ में शक्ल-सी उभर आई।
अब मिरी बात सहर पर आई।

हम जो बेइख़्तियार हँसने लगे,
क्या कहीं से बुरी ख़बर आई।

जाने क्या क्या जला पस-ए-अफ़लाक[1],
सुब्ह दम राख सी इधर आई।

लफ़्ज़ फूटे हैं शाख़ के मानिन्द,
चीख़ दीवार से गुज़र आई।

साँस चढ़ते हैं चटख़नी[2] की तरह,
क्या बला शहर में उतर आई।

पहले कुछ दिन लगा कि वो मैं हूँ,
फिर न उसकी कोई ख़बर आई।

फिर वो सन्नाटा हुआ 'ताबिश',
ज़ेहन में चाप[3] सी उभर आई।

---

1. आसमान के पीछे, 2. दरवाज़े को रोकने की चीज़, 3. पाँव की आहट, छाप

86

दिन निकलता तो कहीं शोर मचाने जाता।
मैं परिन्दों में परिन्दा नज़र आने जाता।

क्या मुझे और कोई काम नहीं था उससे,
क्या मैं दरिया पे फ़क़त[1] फूल बहाने जाता।

मेरी आँखें ही जिसे देख के शर्मिन्दा थीं,
मैं गुनहगार उसे हाथ लगाने जाता।

मेरे मानिन्द अगर उनकी भी आँखें होतीं,
मैं नया ज़ख़्म दरख़्तों को दिखाने जाता।

गर इजाज़त मुझे देती मिरे अन्दर की भड़क,
मैं यही आग तिरे घर को लगाने जाता।

सब के आगे तो अज़ीयत[2] न झटकता मिरा दिल,
मोर की तरह कहीं पंख गिराने जाता।

ये परिन्दे जो मुझे राह सुझाते 'ताबिश',
ग़ैब[3] के बाग़ से मैं फूल चुराने जाता।

---

1. सिर्फ़, 2. तकलीफ़, दुख, 3. जो सामने न हो, ओझल, पोशीदा

87

जमाल-ए-यार[1] का क्या ख़ुश भी है उदास भी है।
मगर ये दिल कि जिसे कैफ़ियत[2] का पास[3] भी है।

अजब नहीं जो उसे ख़ुद से इश्क़ हो जाए,
अदा भी रखता है ज़ालिम अदा-शनास[4] भी है।

ऐ अपने इश्क़ की बातें सुनाने वाले शख़्स,
इसी तरह की कहानी हमारे पास भी है।

न जाने कौन तरफ़ जाए रन्ज-ए-महरूमी[5],
पड़ी है तेग़[6] भी और मेज़ पर गिलास भी है।

ख़फ़ा[7] हुआ भी तो रुस्वा[8] नहीं करेगा तुझे,
कि जूद रन्ज[9] तिरा मस्लिहत शनास[10] भी है।

वो एक शख़्स कि करता है अक़्ल की बातें,
तुम्हारे बारे में थोड़ा-सा बदहवास भी है।

---

1. महबूब की ख़ूबसूरती, 2. हालत, 3. ख़याल, लिहाज़, 4. अदाओं को पहचानने वाला, 5. मायूसी का ग़म, ना-उम्मीदी का ग़म, 6. तलवार, 7. नाराज़, नाखुश, 8. बेइज़्ज़त, ज़लील-आ-ख़्वार, 9. बहुत जल्द दुखी होने वाला, 10. अच्छी बातों का पारखी,

तुझे पसन्द बहुत है गुलाब का खिलना,
और इत्तिफ़ाक़ से तू आईने के पास भी है।

करें तो किस से करें कमसमाअती[1] का गिला[2],
सितम तो ये है कि ज़ालिम सुख़न-शनास[3] भी है।

1. कम सुनना, 2. शिकायत, 3. मिज़ाज को पहचानने वाला, बातों को समझने वाला

88

तू हमारे नाम से वैसे भी जाना जाए है।
हमसे खुल कर इश्क़ करने में तिरा क्या जाए है।

ढील देने का सबब तर्क-ए-तअल्लुक़[1] तो नहीं,
देखना है उस तरफ़ वो और कितना जाए है।

हाथ जितने में पहुँचते हैं सर-ए-शाख़-ए-विसाल[2],
ज़िन्दगी के बाग़ में मौसम नया आ जाए है।

बर्फ़ पिघलेगी तो हम भी चल पड़ेंगे उसके साथ,
देखने वाले यही समझेंगे कि दरिया जाए है।

चारागर[3] से तब कहूँ जब कोई दिन की बात हो,
ज़िन्दगी तो रायगाँ[4] लम्हा-ब-लम्हा[5] जाए है।

तुझको अपने आप से फ़ुरसत नहीं है और याँ,
ऐ निगाह-ए-यार[6] मेरा वक़्त गुज़रा जाए है।

ऐ फ़सील-ए-वक़्त[7] उसको रोक सकती है तो रोक,
तुझसे मेरे जिस्म का पत्थर सरकता जाए है।

---

1. रिश्ते को छोड़ना, 2. विसाल की डाली पर, 3. काम बनाने वाला, 4. बेकार, 5. पल-पल, 6. यार की निगाह, महबूब की निगाह, 7. वक़्त की चारदीवारी,

ये मोहब्बत किसलिए है ये रिफ़ाक़त[1] किसलिए,
जब जहान-ए-ख़ाक[2] से हर शख़्स तन्हा जाए है।

इस तरह मैं तोड़े जाता हूँ तिरे माह-ओ-नुजूम[3],
जिस तरह बच्चा कोई बरतन गिराता जाए है।

मुरतज़ा बरलास की सुन कर ग़ज़ल लिखी ग़ज़ल,
वरना 'ग़ालिब' की ज़मीं में किस से लिखा जाए है।

---

1. दोस्ती, मोहब्बत, साथ, 2. दुनिया की मिट्टी, 3. चाँद सितारे

89

हमारे दुख न किसी तौर[1] जब ठिकाने लगे।
हम अपने घर में परिन्दों के घर बनाने लगे।

हमारे दिल में है आसेब-ए-आरज़ू[2] ऐसा,
कभी-कभी तो हमें ख़ुद से ख़ौफ़ आने लगे।

बिछड़ के तुम से किसी को न कर सके इनकार,
तुम्हारे बाद मोहब्बत की मार खाने लगे।

हमारे दिल में किसी ने क़याम[3] क्या करना,
यही बहुत है यहाँ लोग आने जाने लगे।

न कीजियो तू मोहब्बत की गुफ़्तुगू पे यक़ीं,
बस इक मुक़ाम जहाँ कोई दिल दुखाने लगे।

मैं बर्ग-ए-ख़ुश्क[4] हूँ टहनी से जुड़ नहीं सकता,
दरख़्त क्यों फिर मुझे अपनी तरफ़ बुलाने लगे।

जहान छोड़ते जाते हैं किस सहूलत[5] से,
ये रफ़्तगाँ[6] तो मिरा हौसला बढ़ाने लगे।

दम-ए-विसाल[7] मिरी भी असा[8] पे ठोड़ी थी,
सो गिरते-गिरते मुझे भी कई ज़माने लगे।

---

1. तरह, ढंग, हालत, 2. आरज़ू का जिन, तमन्नाओं का भूत, 3. ठहरना, रहना, 4. सूखी पत्ती, 5. आसानी, 6. जाने वाले, दुनिया छोड़ कर जाने वाले, 7. विसाल के वक़्त, 8. लाठी

90

तेरा हो कर कब कोई तेरे सिवा होता है।
तू जो होता है जुदा किससे जुदा होता है।

हालत-ए-हाल[1] छुपाई नहीं जाती उससे,
जब कोई शख़्स तुझे सोच रहा होता है।

कर रहा होता हूँ उससे मोहब्बत लेकिन,
दिल उसे पा के कहीं खो भी चुका होता है।

किस तलब से तिरी आँखों की तरफ़ देखता हूँ,
जब तिरे ग़म का नशा टूट रहा होता है।

रास्ता रोकती ख़िलक़त[2] तुझे मालूम नहीं,
इश्क़ में हारा हुआ शख़्स बला[3] होता है।

यूँ तिरे शहर में घबराया हुआ फिरता हूँ,
जिस तरह पहले-पहल इश्क़ हुआ होता है।

क्या सितम है कि लगाता हूँ तिरे नाम वो शे'र,
जो किसी और के हिज्राँ[4] में कहा होता है।

मैं दिलाता हूँ यक़ीं और किसी को लेकिन,
दिल किसी और के क़दमों में पड़ा होता है।

---

1. मौजूदा हालत, 2. मख़लूक़, लोग, 3. मुसीबत, आफ़त, 4. जुदाई, हिज्र,

किसी बेकस का सहारा नहीं बनती दुनिया,
उसका होता है कोई जिसका ख़ुदा होता है।

लाख उड़ाता हुआ निकले कोई शोहरत का ग़ुबार,
जो भी होता है हवा में वो हवा होता है।

वही-ए-बेलफ़्ज़[1] समझ में नहीं आने वाली,
वरना तूफ़ान का चिड़ियों को पता होता है।

---

1. बिना लफ़्ज़ के आसमान से उतरने वाली बात

91

जब रिहाई की यही तदबीर बाक़ी रह गई।
पाँव मिट्टी हो गए ज़ंजीर बाक़ी रह गई।

बह गए हम ज़िन्दगी के मुख़्तलिफ़ धारों के साथ,
जिस में हम दोनों थे वो तसवीर बाक़ी रह गई।

अब बुला भेजा है उसको ऐ दिल–ए–उज़लत–पसन्द[1],
जब यहाँ ताख़ीर ही ताख़ीर बाक़ी रह गई।

ग़लग़ला[2] वारफ़्तगान–ए–इश्क़[3] का होता था याँ,
अब तो इक मज्लिस बयाद–ए–'मीर'[4] बाक़ी रह गई।

---

1. तन्हाई चाहने वाला दिल, 2. हंगामा, धूम, शोहरत, 3. इश्क़ में बेख़ुद रहने वाले, इश्क़ में आपे से बाहर रहने वाले, 4. मीर की याद

92

लौट जाएगा या तिरा पीछा करें।
हर क़दम पर सोचते हैं क्या करें।

या हमारी तल्ख़ बातों को सहारा,
या बता दे किस से हम झगड़ा करें।

ढूँढते तो हम भी हैं राह-ए-फ़रार[1],
सोचते तो हम भी हैं अब क्या करें।

एक मुद्दत हो गई रोए हुए,
यार मजलिस ही कोई बरपा करें।

अपनी मरज़ी से गुज़ारें ज़िन्दगी,
दिन में सोएँ रात को जागा करें।

छोड़ने को छोड़ दें दुनिया मगर,
इतने सारे दोस्तों का क्या करें।

शह्र को शोर-ए-क़यामत[2] चाहिए,
यार ये दो चार चिड़ियाँ क्या करें।

---

1. भागने का रास्ता, 2. क़यामत का हंगामा,

आप को आख़िर ये हक़ किस ने दिया,
आप अह्ल-ए-दिल[1] को क्यों रुसवा करें।

आपने तो फिर बहाया ख़ून-ए-ख़ल्क़[2],
हम अगर ग़ुस्से में आएँ क्या करें।

शाख़ से क्यों तोड़ लें ताज़ा गुलाब,
क्यों किसी तितली का हक़ मारा करें।

तुम मुकम्मल बात पर ख़ामोश हो,
लोग तो पूरा मिरा जुमला करें।

बस नहीं चलता ज़माने पर अगर,
बाल हैं सर पर उन्हें नोचा करें।

ये समुन्दर तो उगल देता है लाश,
क़स्द[3] करना है तो सहरा का करें।

क़ैस मिल जाए तो पूछें मुर्शिदा[4],
इश्क़ करना छोड़ दें हम या करें।

---

1. आशिक़, दिल वाले, 2. लोगों का ख़ून, 3. इरादा, 4. ऐ मुर्शिद, ऐ रहबर, ऐ पेशवा

93

मर मर के जिए जाने को मुश्किल नहीं समझा।
फ़रहाद सा बुज़दिल[1] भी ग़म-ए-दिल[2] नहीं समझा।

बस मेरी मोहब्बत से ग़रज़ रक्खी है उसने,
वो शख़्स मिरे और मसाएल[3] नहीं समझा।

नफ़रत कभी होती है कभी उससे मोहब्बत,
दिल उससे तअल्लुक़ के मराहिल[4] नहीं समझा।

ये ज़िन्दगी तोहमत है मगर मेरा बड़ापन,
मैं ने इसे तरदीद[5] के क़ाबिल नहीं समझा।

वो काम हुआ भी तो न होने के बराबर,
जिस काम में हमने उसे शामिल नहीं समझा।

उस शख़्स को किस चीज़ से महरूम[6] करोगे,
हासिल को भी जिसने कभी हासिल नहीं समझा।

जिसने भी किया है उसे रुसवा ही किया है,
जुज़[7] 'मीर' कोई मंज़िलत-ए-दिल[8] नहीं समझा।

उसने भी मुझे छोड़ दिया राह में 'ताबिश',
मैं ने भी उसे उम्र का हासिल नहीं समझा।

1. डरपोक, बे-हिम्मत, 2. दिल का ग़म, 3. परेशानी, दुश्वारी, 4. मंज़िल, दर्जा, मर्तबा, 5. रद करना, जवाब देना, 6. नाउम्मीद, बेनसीब, नाकाम, 7. सिवा, 8. दिल का मक़ाम, दिल का मर्तबा

94

याद भी आई समुन्दर की हवा भी आई।
होश के साथ कोई होशरुबा[1] भी आई।

दिल की ज़िद थी कि उसे दूर से चाहा जाए,
और तन्हाई उसे हाथ लगा भी आई।

मेरे अतराफ़[2] में रात ऐसी बला की चुप थी,
फूल टूटा तो मुझे उसकी सदा भी आई।

मैं अभी सोच रहा था कि खिलूँ या न खिलूँ,
मेरी चुप जा के उसे भेद बता भी आई।

मैं ने अब तक नहीं दुनिया को मुक़ाबिल[3] जाना,
अपनी दानिस्त[4] में वो मुझको गिरा भी आई।

हुस्न-ए-महजूब[5] तिरी एक झलक की ख़ातिर,
इक पयंबर[6] ही नहीं ख़ल्क़-ए-ख़ुदा[7] भी आई।

---

1. होश ले जाने वाला, होश गुम करने वाला, 2. चारों तरफ़, 3. सामने, रू-ब-रू, मुख़ालिफ़, दुश्मन, बराबर, 4. जानते हुए, इल्म, समझ, इदराक, 5. हिजाबदार हुस्न, पर्दा डाला हुआ हुस्न, 6. ईश-दूत, 7. दुनिया की मख़लूक़, लोग

95

छूने में लुत्फ़[1] है न उसे देखने में है।
या-रब! ये कैसी आग मिरे आईने में है।

मैं इस जगह लड़ाई की ख़ातिर नहीं रुका,
मेरा क़याम[2] और किसी सिलसिले में है।

जिस ने किया कलाम[3] लहू में नहा गया,
याराँ![4] तमाम लुत्फ़ उसे सोचने में है।

क्या हम जनाज़ा-गाह[5] में ही जमअ[6] होंगे दोस्त,
क्या इत्तिफ़ाक़ शहर किसी सानिहे[7] में है।

ऐ शहर-ए-यार![8] शहर को कम हौसला न जान,
जो हौसले में है वो बड़े हौसले में है।

मेरा भरम ही रखता उसे छोड़ कर ऐ दोस्त,
दुनिया समझ रही थी तू मेरे कहे में है।

---

1. मज़ा, 2. ठहरना, रुकना, 3. बात करना, 4. ऐ दोस्तो, ऐ यारो, 5. जनाज़ा रखने की जगह, 6. इकट्ठा होना, 7. सदमा पहुँचाने वाला वाक़िआ, हादसा, 8. बादशाह

96

मिट्टी की मोहब्बत में गिरफ़्तार परिन्दे।
जाते नहीं देखे कभी उस पार परिन्दे।

ख़ाली नहीं रहता दिल-ए-दरवेश[1] का डेरा,
हुज्रे[2] में पड़े रहते हैं दो चार परिन्दे।

ये बाग़ हमारे लिए होता था मगर अब,
करते हैं यहाँ इश्क़ का ब्योपार परिन्दे।

क्या मैं भी दरख़्तों में दरख़्तों की तरह हूँ,
क्यों मुझ पे उतर आते हैं हर बार परिन्दे।

ये शहर से बाहर का कोई ख़्वाब है 'ताबिश',
ये झील पे उड़ते हुए दो चार परिन्दे।

---

1. फ़क़ीर का दिल, 2. छोटा कमरा, कोठरी

97

दम में जी उठना मिरा दम में फ़ना[1] हो जाना।
उसको जा कर भी नहीं आया जुदा हो जाना।

उसको आता है मुझे सब के मुक़ाबिल[2] ला कर,
जब कोई हाथ उठे मेरी जगह हो जाना।

ये तिरा हाथ न होने की तलाफ़ी[3] तो नहीं,
बैठे-बैठे ये मिरा आबला पा[4] हो जाना।

तुमने तो अह्ल-ए-जहाँ[5] सिर्फ़ सुनी हैं बातें,
मैंने देखा है किसी बुत का ख़ुदा हो जाना।

तुम अचानक ही मिले और अचानक ही गए,
इसको कहते हैं मुक़द्दर का लिखा हो जाना।

---

1. ख़त्म, नाबूद, मौत, 2. सामने, रू-ब-रू, मुख़ालिफ़, 3. नुक़सान का बदला, 4. वह आदमी जिसके पाँव में छाले पड़ गए हों, 5. दुनिया वाले

98

ये किनारा है बहुत मेरे सफ़ीने[1] के लिए।
मैं मदीने से गया भी तो मदीने के लिए।

इस ख़राबे[2] में नहीं जलता कोई और चराग़,
अपना नक़्श-ए-कफ़-ए-पा[3] दे मिरे सीने के लिए।

उनकी मिदहत[4] का मियाँ हक़ तो अदा क्या होगा,
फिर भी मैं अर्ज़ गुज़ारी[5] हूँ क़रीने[6] के लिए।

रोज़ होती है मिरे सामने ताज़ा हिजरत[7],
रोज़ मैं घर से निकलता हूँ मदीने के लिए।

ज़िन्दगी-भर का क़याम उसका मुक़द्दर कर दे,
साल-भर में कोई आता है महीने के लिए।

रिज़्क़[8] यूँ क़ासिम-ए-अश्या[9] के करम[10] से पाया,
मुझको खिंचना न पड़ा ख़ून-पसीने के लिए।

मैं अकेला ही सफ़र पर नहीं निकला 'ताबिश',
हरम-ए-काबा[11] भी है साथ मदीने के लिए।

---

1. कश्ती, जहाज़, 2. वीरान मकान, खँडहर, वीराना, 3. पैर के तलवे का नक़्श, 4. तारीफ़, सना, सताइश, 5. गुज़ारिश करने वाला, 6. अन्दाज़ा, ढंग, सलीक़ा, क़यास, 7. वतन को छोड़ना, 8. रोज़ी, ख़ुराक, 9. चीज़ों को तक़सीम करने वाला, 10. मेहरबानी, इनायत, 11. काबा की चारदीवारी जहाँ जानदार का मारना हराम है।

99

यार से कोई तअल्लुक़ न ग़म-ए-यार[1] के साथ।
कोई इतना भी न हो गर्मी-ए-बाज़ार[2] के साथ।

हालत-ए-जंग[3] में आदाब-ए-ख़ुर्द-ओ-नोश[4] कहाँ,
अब तो लुक़्मा भी उठाता हूँ मैं तलवार के साथ।

नाशियान-ए-सुख़न![5] अब तो मुआफ़ी दे दो,
अब तो 'ग़ालिब' का तअल्लुक़ नहीं दरबार के साथ।

एक हो जाती है दुनिया मिरे अन्दर बाहर,
मैं सर-ए-शाम[6] उजड़ जाता हूँ बाज़ार के साथ।

इश्क़ करना कोई आसान नहीं है 'ताबिश',
एक ही शख़्स से और एक ही मेयार[7] के साथ।

---

1. महबूब का ग़म, यार का ग़म, 2. बाज़ार की गर्मी, 3. जंग की हालत, 4. खाने-पीने का तरीका, 5. शायरी में नई चीज़ें जन्म देने वाले, नई-नई बातें पैदा करने वाले, 6. शाम को, 7. कसौटी, अन्दाज़ा, पैमाना

100

ग़लत कहा कि दहन[1] का रफ़ू ज़रूरी है।
ये मयकदा है यहाँ हाओ हो[2] ज़रूरी है।

ज़रूरियात-ए-जहाँ[3] हमसे पूछने वाले,
तुझे ये कैसे बताएँ कि तू ज़रूरी है।

कोई बज़िद[4] है कि हम दिल को ज़ख़्म गरदानें,
और इस पे शर्त कि इसका रफ़ू ज़रूरी है।

मैं अपने हुजरा-ए-जाँ[5] से निकलना चाहता हूँ,
कि मेरा रक़्स[6] मेरे चार सू[7] ज़रूरी है।

मैं तुझ से अपने मसाएल की बात कैसे करूँ,
कि तेरे साथ तिरी गुफ़्तगू ज़रूरी है।

ये हम को इश्क़ ग़लतफ़हमियों में डाल गया,
वरना मैं हूँ न ज़रूरी न तू ज़रूरी है।

---

1. मुँह, 2. शोर, हंगामा, 3. दुनिया की ज़रूरत, 4. हट पर, अड़ा हुआ, 5. जान की कोठरी, 6. नाच, उछलना-कूदना, 7. चारों तरफ़

101

इश्क़ज़ादों[1] के लहू का ये असर लगता है।
आज भी दश्त[2] में नेज़े को समर[3] लगता है।

कूफ़ा-ओ-शाम मराहिल हैं गुज़र जाएँगे,
ये मदीने से मदीने का सफ़र लगता है।

कोई गठड़ी तो नहीं है कि उठा कर चल दूँ,
शहर का शहर मुझे रख़्त-ए-सफ़र[4] लगता है।

इस ज़माने में ग़नीमत है ग़नीमत है मियाँ,
कोई बाहर से भी दरवेश अगर लगता है।

बन्द आँखों से कभी देखा नहीं है उसको,
इसलिए दोस्त भी ताहद्द-ए-नज़र[5] लगता है।

काश लौटाऊँ कभी उसका परिन्दा उसको,
अच्छा मिसरा[6] मुझे टूटा हुआ पर लगता है।

मेरे इस वहम ने मोहताज किया है मुझ को,
बात करना भी मुझे अर्ज़-ए-हुनर[7] लगता है।

---

1. इश्क़ करने वाले, 2. जंगल, सहरा, 3. फल, 4. सफ़र का सामान, 5. जहाँ तक नज़र जाए, 6. किसी शे'र की एक लाइन, दो लाइन को एक शे'र कहा जाता है, 7. हुनर बताना, हुनर पेश करना

102

महकने की तमन्ना में हवा होने से डरते हैं।
असीरान-ए-शब-ए-वादा[1] रिहा होने से डरते हैं।

मोहब्बत में बहुत आगे निकल कर ये भी लगता है,
कि वादा कर चुके और मुब्तला होने से डरते हैं।

हमारा सिलसिला है दूरी-ए-क़ुरबतनुमा[2] जैसा,
कि मिलते भी नहीं हम और जुदा होने से डरते हैं।

मोहब्बत करते-करते ख़ुद मोहब्बत हो गए हम लोग,
क़ज़ा[3] करते थे लेकिन अब क़ज़ा होने से डरते हैं।

---

1. वादा की रात के क़ैदी, 2. नज़दीकी बताने वाली दूरी, 3. वह इबादत जो मुक़र्रर वक़्त के बाद अदा की जाए, मौत, तक़दीर

103

इसी सबब से यहाँ एहतिराम[1] मेरा है।
कि उसके मानने वालों में नाम मेरा है।

अभी न कू-ए-मलामत[2] को बन्द कीजिएगा,
कि इस तरफ़ से गुज़र सुब्ह-ओ-शाम मेरा है।

यहाँ किसी की नहीं जो मिरी हुई तज़लील[3],
यहाँ किसी का नहीं जो मक़ाम मेरा है।

मिरे लहू ने लिखी आयत-ए-शहादत-ए-इश्क़[4],
किताब-ए-दश्त में[5] शामिल कलाम[6] मेरा है।

न ढूँढिए यहाँ बद-नज़्मी-ए-ज़माना[7] को,
ये मेरा दिल है यहाँ इन्तिज़ाम मेरा है।

सियाह ख़ाना-ए-दिल[8] में पड़ा मैं सोचता हूँ,
इसी नवाह[9] में इक शोला फ़ाम[10] मेरा है।

ये दश्त-ए-क़ैस[11] कि अब ख़ासकर किसी का नहीं,
ब-फ़ैज़-ए-इश्क़[12] अलैहिस्सलाम मेरा है।

---

1. इज़्ज़त, आवभगत, 2. मलामत की गली, 3. बेइज़्ज़ती, बेइज़्ज़त करना, 4. इश्क़ के शहीद होने की आयत, 5. जंगल की किताब, 6. बात, 7. ज़माने की बेइन्तिज़ामी, ज़माने की बद-नज़्मी, 8. दिल का अँधेरा घर, 9. आस-पास, इर्द-गिर्द का इलाक़ा, 10. रंग, 11. क़ैस का जंगल, 12. इश्क़ के सबब, इश्क़ की मेहरबानी से

104

तसल्ली दे के मिरा सब्र आज़माना मत।
मैं वज़ादार-ए-सितम[1] हूँ मुझे रुलाना मत।

मैं सोच ही नहीं सकता किसी के बारे में,
मिरी शिकस्त[2] का बाइस मुझे बताना मत।

अब और टूटने का हौसला नहीं मुझ में,
जमाल-ए-यार[3]! मुझे आईना बनाना मत।

हम अह्ल-ए-इश्क़[4] पलटना मुहाल[5] कर देंगे,
हमारे साथ कहीं दो क़दम भी जाना मत।

तिरे हिसाब से हम हैरती[6] ही अच्छे थे,
कहा न था कि हमारी समझ में आना मत।

इसी ज़मीन पे रहना पसंद है हम को,
हमारे पर भी निकल आएँ तो उड़ाना मत।

❂❂❂

1. सितम को बर्दाश्त करने वाला, 2. हार, मात, 3. महबूब का जमाल, यार की ख़ूबसूरती, 4. इश्क़ करने वाले, 5. मुश्किल, गैर मुमकिन, 6. तअज्जुब करने वाले, हैरत करने वाले